- DIPLOMICA BAND 9 -

Herausgegeben von Björn Bedey

Das Neue Geistliche Lied

Neue Impulse für die Kirchenmusik

von

René Frank

Tectum Verlag
Marburg 2003

Die Reihe *Diplomica* ist entstanden aus einer Zusammenarbeit der Diplomarbeitenagentur *Diplom.de* und dem *Tectum Verlag*. Herausgegeben wird die Reihe von Björn Bedey.

Frank, René:
Das Neue Geistliche Lied.
Neue Impulse für die Kirchenmusik.
Diplomica, Band 9
/ von René Frank
- Marburg : Tectum Verlag, 2003
ISBN 978-3-8288-8573-8

© Tectum Verlag

Tectum Verlag
Marburg 2003

Inhaltsverzeichnis

1. Einleitung: Warum Neues Geistliches Lied? 7
2. Entwicklungsgeschichte der Popularmusik im 20. Jahrhundert 9
   2.1 Amerika als Schmelztiegel verschiedener Kulturen 9
   2.2 „Popular Music" contra „Art- und Folk Music" 12
   2.3 Spirituals und Gospels – die „neue" Kirchenmusik in Amerika 15
      2.3.1 Begriffsunterscheidung 15
      2.3.2 Entwicklung und Verbreitung 17
   2.4 Worksongs als Gegenpol zu Gospels 19
   2.5 Blues in seiner Formenvielfalt 21
   2.6 Jazz – die Renaissance der Blasmusik 23
   2.7 Folksongs 24
   2.8 Rock´n Roll und das neue Lebensgefühl 25
   2.9 Beat und die Beatles 26
   2.10 Rock und Pop 27
      2.10.1 Die Problematik der Differenzierung 27
      2.10.2 Rock als politischer und sozialer Protest 30
      2.10.3 Verschiedene Unterarten 32
   2.11 Rap, Musik aus den Gettos? 34
   2.12 Hip Hop 35
   2.13 Techno – Entpersonifizierung der Musik 36
3. Das Neue Geistliche Lied (NGL) 39
   3.1 Das Lied – altbekannt und immer wieder aktuell 39
   3.2 Was ist „neu" am Neuen Geistlichen Lied? 45
   3.3 Geistlich und nicht weltlich 47
   3.4 *Exkurs*: Der Aufbau des Gottesdienstes 48
      3.4.1 In der Katholischen Kirche 48
      3.4.2 In der Evangelischen Kirche 49
4. Entstehung und Entwicklung des Neuen Geistlichen Liedes 51
   4.1 Kirchenmusikalische Erneuerung in der ersten Hälfte des 20. Jahrhunderts 51
   4.2 Aufbruch in die 60er Jahre 53
      4.2.1 Adaption von Gospelgesängen 53
      4.2.2 Die Tutzinger Preisausschreiben 57
      4.2.3 Jazzgottesdienste 59
   4.3 Peter Janssens verkörpert SacroPop 60

4.3.1 Was ist Sacropop? 61
4.3.2 Die KJG-Tage 1972 – ein Meilenstein in der Geschichte 62
4.3.3 Janssens prägt die 70er Jahre 64
4.4 Konsolidierung des NGL und Komponisten dieser Zeit 64
4.5 Verlage und Plattenfirmen 68
4.6 Festivals und Massenveranstaltungen 69

5. **Subkulturen im Neuen Geistlichen Lied** 71
5.1 Kinderlieder 71
5.2 Lobpreislieder 75
5.3 Taize-Gesänge 78
5.4 Sacro-Rap – da bewegt sich was 80
5.5 White Metal 81

6. **Sieben ausgewählte Lieder im Vergleich** 83
6.1 Textinhalte und Gottesdienstrelevanz 91
6.2 Analyse der Komposition 95
6.3 *Exkurs:* „Akkordsymbole" 102

7. **Gesellschaftliche und kirchliche Reaktionen auf die neue Musik** 105
7.1 Die negative Kritik überwiegt 105
7.2 Unterschiedliche Akzeptanz in der evangelischen und katholischen Kirche .. 107
7.3 „Was lange währt wird endlich gut" 109

8. **Akzeptanz von verschiedenen Musikstilen bei der deklarierten NGL – Zielgruppe „Jugend"** 113
8.1 Versuch einer Evaluierung 114
8.2 Umfrage bei Jugendlichen mehrerer Konfirmandengruppen 114
8.3 Verbreitung durch Bands und Chöre 125

9. **Performance-Möglichkeiten des Neuen Geistlichen Liedes** 127
9.1 Differenziert nach Aufführungsorten 127
9.2 Differenziert nach Instrumentarium 129
    9.2.1 Orgel 129
    9.2.2 Gitarre 129
    9.2.3 Band 130
    9.2.4 Chor 131

10. *Exkurs:* **Musikkonsum in Deutschland** 133

11. **Zukunft des Neuen Geistlichen Liedes** 135
11.1 Neue Formen, analog zur Popular-Musik 135

11.2 Hat das NGL eine Zukunft? 137
12. Schlussbetrachtung 141
Literaturverzeichnis 145

1. Einleitung: Warum Neues Geistliches Lied?

Seit vielen Jahren bin ich als Sänger in einer Band tätig, mit der wir „Neues Geistliches Lied" u.a. in Gottesdiensten, Konzerten, Festivals und anderen kirchlichen Veranstaltungen spielen.

Wir selbst bezeichnen uns als Sacro-Pop-Band, was in der Branche ein geläufiger Name ist, aber bei der breiten Öffentlichkeit kaum bekannt ist. Wenn ich gefragt werde, welche Musik ich denn mache und meine Antwort dann „Sacro-Pop" (siehe Kap. 4.3.1) ist, so bekomme ich meist ein verwundertes Gesicht zu sehen, das eindeutig mitteilt, mein Gegenüber kann mit diesem Begriff nichts anfangen.

Meine Erläuterung daraufhin, es handele sich hierbei um Popmusik mit sakralem Textinhalt (von lat. sacer/sacrum – heilig), beschreibt den Inhalt und die Form nur sehr grob, denn Sacropop und das Neue Geistliche Lied sind weit mehr, und haben mittlerweile eine mehrere Jahrzehnte zurückreichende Geschichte.

Trotz dieser langen Historie ist das NGL (so wird das Neue Geistliche Lied offiziell abgekürzt) nach wie vor eine gesellschaftliche Randerscheinung und außerhalb kirchlichen Kreisen – mit wenigen Ausnahmen (siehe Kap. 5.2) – kaum verbreitet.

Als ich nun Überlegungen anstellte, welches Thema meine Wissenschaftliche Hausarbeit haben könnte, so war mir ein aktuelles Thema wichtig, über das noch nicht reihenweise Bücher geschrieben wurden. In diesem Falle wäre vermutlich überwiegend Reproduktion möglich gewesen.

Solch ein Thema fand ich im Neuen Geistlichen Lied, dem ich mich, mitveranlasst durch o.g. Erlebnisse, nun ausführlich widmen möchte.

Selbstverständlich kommt auch die hier vorliegende Hausarbeit nicht ohne Reproduktion aus. Da aber das Neue Geistliche Lied noch „im Werden" ist und keinesfalls als abgeschlossen gelten kann, ist auch die Literatur hierfür als „überschaubar", wenn nicht sogar als spärlich zu bezeichnen. Ich werde deshalb öfter auf eigene Erfahrungen und Erlebnisse der letzten 10 Jahre zurückgreifen und sie in die Hausarbeit einfließen lassen.

Intention dieser Arbeit soll der umfassende Einblick in das Umfeld der neuen Kirchenmusik sein, die ihre Wurzeln in der Popularmusik hat. Aus diesem

Grund stelle ich an den Anfang einen geschichtlichen Abriss über die Stile der Popularmusik, der aber bewusst kurz gehalten wurde, da er nur die Grundlage für die späteren Ausführungen darstellt.

Er ist jedoch zwingend notwendig, da die kirchenmusikalische Entwicklung, wenn auch stark verzögert, fast chronologisch der Popularmusik folgt.

Danach werde ich den Begriff „Neues Geistliches Lied" analysieren und ausführlich auf die Entwicklung und die fortlaufende Geschichte des NGL eingehen.

Mit der Untersuchung von sieben Liedern aus dem religiösen Bereich, wird ein detaillierter, praxisnaher Bezug zu dem Thema hergestellt und anhand von Beispielen erläutert.

Reaktionen auf das NGL und sukzessive Akzeptanz werden – auch anhand einer Befragung bei Jugendlichen – im weiteren Verlauf behandelt. Hier mag es interessant sein, zu sehen, wie viele Bands und Chöre das NGL praktizieren und zu dessen Verbreitung beitragen.

Nach den Möglichkeiten von Arrangement und Aufführungspraxis wird ein Ausblick geboten, wohin die Kirchenmusik in Deutschland gehen könnte. Denn solange die Gesellschaft in Bewegung und ständigem Wandel ist, wird sich auch die Kirche und deren Musik, dem nicht entziehen können.

Als Anmerkung sei noch gesagt, dass ich bei dieser Arbeit primär auf die musikalischen Aspekte zum NGL eingehen werde (da es sich um eine Hausarbeit im Fach Musikpädagogik handelt), und die theologischen bzw. religiösen Überlegungen nur am Rande tangiere. Ganz zu umgehen sind sie jedoch nicht, da die Kirchenmusik bezeichnenderweise eng mit der Religion verknüpft ist.

2. Entwicklungsgeschichte der Popularmusik im 20. Jahrhundert

Popularmusik (im Deutschen auch Populärmusik oder Unterhaltungsmusik genannt) ist ein Produkt aus der Neuen Welt, also Amerika. Von dem Englischen „popular music" abstammend, bedeutet es erst einmal nichts anderes als „Volksmusik" und soll damit Musik von dem Volk für das Volk sein.

Auch in unserem heutigen Wort „Popmusik" (Siehe Kap. 2.10) steckt noch immer der Begriff „populus" (lat.: Menge, Volk), wird aber trotz seiner Herkunft für ganz bestimmte Musikstile verwendet. (Siehe Kap. 2.2)

2.1 Amerika als Schmelztiegel verschiedener Kulturen

Die Entstehung der Popularmusik in Amerika – insbesondere Nordamerika – begründet sich auf der Tatsache, dass Nordamerika (USA) ein klassisches Einwanderungsland ist und schon frühzeitig war. Bald nach der Entdeckung Amerikas 1492 durch Christoph Columbus, gründeten Europäer die ersten Städte auf dem neuen Kontinent: 1521 wurde aus der zerstörten Aztekenstadt Tenochtitlan das heutige Mexiko-City, 1565 entstand St. Augustine in Florida, 1607 Jamestown, 1608 Quebec, 1612 Neu-Amsterdam (später New York) und 1620 Plymouth, um nur einige zu nennen. (Böhm 1992, S. 23/34) Mit der Gründung neuer Städte zogen im 17. bis 19. Jahrhundert viele Europäer, insbesondere Spanier, Portugiesen, Italiener, Angelsachsen, Deutsche, Skandinavier, Holländer, Slawen, Russen, Polen und Griechen nach Amerika, die Arbeit suchten und eine neue Existenz aufbauen wollten. Natürlich brachten diese Siedler ihre Kultur mit, darunter Religion und Musik.

Der Süden und die Mitte des Amerikanischen Kontinents wurde, aufgrund der spanischen Eroberung, katholisch, der Norden durch die Engländer und Holländer vorwiegend protestantisch.

Lieder und Instrumente aus Europa wurden mit nach Amerika genommen. „In den Tagen der Kolonialzeit war die Gitarre populär, weil keine Klaviere erhältlich waren. Sie war das Volksinstrument, jeder konnte sich eine Gitarre leisten, es gab genügend davon. Als sich die ersten Klavierhersteller in den USA etablierten, wurde es still um die Gitarre." (Dalferth 2000, S. 53) Zu den wohl häufig gespielten Liedern zählten u.a. „Greensleeves" (engl. Lied aus dem 16. Jh.) und „Foggy Dew". (Vgl. ebenda, S. 54)

Das Liedgut der Einwanderer hielt sich und tradierte sich in ganz Amerika.

Als die Spanier nach Amerika aufbrachen, brachten sie die Gitarre und ihre Musik mit in die neue Welt. Der Eroberer Hernan Cortes (1485-1527) war 1519 in Mexiko gelandet „und hatte in seinem Gefolge auch einen „toceador de vihuela" namens Ortiz. Die musikbegeisterten Indios, die solch sanfte Laute wie die der Vihuela noch nie zuvor gehört hatten, waren so fasziniert von dem Instrument, dass sie es schnellstens spielen lernen wollten. Und die schlaufüchsigen Eroberer setzten fortan nicht nur Musketen ein: 1524 eröffnete die erste Missionsschule ihre Pforten und gab Musikunterricht in Harfe, Orgel und Gitarre." (Schmitz 1988, S. 82)

Die Gitarre verbreitete sich bekanntlich sehr schnell in Mittel- und Südamerika und wurde zu dem Lieblingsinstrument der Indios. Aber auch die spanischen Einwanderer (1574 hatte Mexiko-City bereits 15.000 spanische Einwohner. (Neues Großes Lexikon 1988)) wollten ihre Musik hören und praktizieren, weshalb man „heimische Literatur samt Musikern per Segelschiff herüberkommen ließ, worunter sich u.a. wohl auch die Vihuelen-Bücher von den Komponisten Esteban Daza, Narvaez und Fuenllana befanden.

Ab dem 17. Jahrhundert flossen immer mehr eigene Elemente der Indios in die, von ihnen gespielte, spanische Saitenmusik ein. (Vgl. Schmitz 1988, S. 82)

In die USA kam die lateinamerikanische Musik durch den Grenzverkehr zwischen Mexiko und den Vereinigten Staaten, denn viele Mexikaner hofften auf ein besseres Leben in dem reichen, nördlichen Nachbarn.

Deutlich wird die Kulturvermischung in einem Song von Woody Guthrie, der – halb englisch, halb spanisch – das Schicksal der Landarbeiter und Grenzgänger zwischen den USA und Mexiko beschreibt:

Plane Wreck at Los Gatos (Deportee):
The Crops are all in and the peaches are rott'ning,
the oranges piled in their creosote dumps;
You're flying them back to the Mexican border,
to pay all their money to wade back again.
Good bye to my Juan, goodbye Rosalita,
adios mis amigos, Jesus y Maria;
you won't have your names when you ride the big airplane,
all they will call you will be deportees.

(Seeger 1963, S. 24)

Neben der spanischen Folklore und den anglo-keltischen Liedern war besonders der Einfluss der polynesischen Musik in Amerika wichtig für die Entstehung der Popularmusik.

Wieder war hier die Gitarre der Träger und Verbreiter von Musik: namentlich die Hawaiigitarre, die ihren Weg nach Nordamerika fand, als Hawaii 1898 von den USA annektiert wurde. „Damit drangen Elemente der polynesischen Musik ein, die anders als die asiatische in ihrem Verständnis von Ton, Akkord und Kadenz verblüffend westlich anmutete und sich deshalb leicht assimilieren ließ." (Schmitz 1988, S. 92) Durch ihren klagenden Laut konnte sie sich dauerhaft im Blues (siehe Kap. 2.5) etablieren. (Vgl. Dalferth 2000, S. 56)

„Der erste hawaiianische Musiker der mit der Hawaiigitarre in den USA erfolgreich war, hieß Sol Hoopii. Er bildete mit zwei weiteren hawaiianischen Musikern das Sol Hoopii Novelty Trio und wurde Ende der 20er Jahre durch Schallplattenaufnahmen berühmt." (Brozman 1993, S. 115)

Polynesische Klänge, mitteleuropäische Liedweisen und Harmonik, und südeuropäische Folklore hätten aber nicht so Entscheidendes in der Musikwelt Amerikas bewirkt, wenn da nicht noch ein weiterer Faktor hinzugekommen wäre: Die Gesänge und Rhythmen der schwarzen Sklaven aus Afrika.

Drei Jahrhunderte lang wurden in Afrika Menschen gefangen und als Sklaven über den Atlantik transportiert. Erst Abraham Lincoln verkündete 1863 die Abschaffung der Sklaverei in den USA. (dtv-Atlas 1991) Durch den Sklavenhandel kamen rund 14 Millionen Schwarze nach Amerika, die ihre Traditionen, ihre Lieder und Religionen, die in der neuen Welt völlig fremd waren, mitbrachten. „Schon in ihren afrikanischen Heimatländern beherrschten sie die verschiedensten Zupfinstrumente. Ihr Hauptinstrument in Amerika wurde das Banjo." (Dalferth 2000, S. 54)

Noch wichtiger als die Verwendung von Instrumenten wurde der Rhythmus und der Gesang. Letzterer wurde in Form von sogenannten „Worksongs" (siehe Kap. 2.4) während der Feldarbeit der Sklaven auf Plantagen gesungen und brachte einen gewissen Rhythmus in den Arbeitsablauf.

Vier Musikkulturen lassen sich demnach für die Kolonialzeit Amerikas definieren: (nach Dalferth 2000, S. 50)

1. die Musik der weißen Siedler mit ihren Traditionen aus dem alten Europa

2. die sich in Süd- und Mittelamerika seit der Eroberung durch die Spanier entwickelnde Gitarrenmusik
3. die Hawaiigitarre und damit verbundene Elemente der polynesischen Musik und
4. der Rhythmus (und Gesang) der schwarzen Sklaven aus Afrika

„Aus der Vermischung dieser Musiktraditionen entstand der typisch amerikanische Sound: Blues auf der Gitarre und Ragtime auf dem Klavier" schreibt Dalferth (a.a.O.,S. 50). Aber darüber hinaus kann der „Kulturzusammenstoß" als Keimzelle für die meisten modernen Musikstile gesehen werden.

Auf diese verschiedenen Stile werde ich ab Kapitel 2.3 genauer eingehen.

2.2 „Popular Music" contra „Art- und Folk Music"

Wenn auch die Übersetzung von „Popularmusik" und „Popmusik" nichts anderes als „Volksmusik" bedeutet, so verbindet man dennoch eine ganz bestimmte Assoziation mit den Worten. Niemals würde jemand „Eine kleine Nachtmusik" von Mozart (G-Dur, KV 525), obgleich sie noch so populär sein mag, als Popularmusik bezeichnen. Daran zeigt sich, dass in unserem Sprachgebrauch der Begriff ganz klar umgrenzt ist – bewusst oder unbewusst – und „als Oberbegriff für Musikstile verwendet wird, die sich von der Kunst- und Volksmusik abgrenzen lassen; von der Oper beispielsweise oder der Trachtenmusik Oberbayerns" (Eggebrecht 1984, S. 66)

Der Musiktypus „popular music", von Philip Tagg, mit „Massenmusik" übersetzt, „wäre nicht denkbar ohne begünstigende Entwicklungen im politischen und ökonomischen Bereich. Hierzu zählen die Entwicklung der technischen Reproduzierbarkeit [Phonograph (1877), Schallplatte (1888), Magnetband (1928), Kassette (1963), CD (1982), Minidisk (1993) (Quelle: Reid 1987, S. 54/55)], die gesellschaftliche Arbeitsteilung im Produktionsbetrieb der Musikschaffenden und die Professionalisierung und Verfügbarkeit von Musik. [Erfindung des Radios 1906, des Ton-Films 1923, des Fernsehers 1935 und des Internets (WWW) 1992 (Quelle: Ebenda, S. 58/59 und Nolden 1996)]" (Tagg 1980, S. 22)

In dem Wort Popularmusik steckt also nicht nur Volks- oder Massenmusik, sondern ein ganz bestimmtes gesellschaftlich-technisches Umfeld, dem die Musik entstammen muss und in dem sie vermarktet wird. (Siehe dazu Kapitel 10) „Die neue Popularmusik kann in kapitalistischen und in sozialistischen Gesellschaftsformen leben, aber wegen ihrer Angewiesenheit auf die erwähnten Faktoren niemals in vorindustriellen Gesellschaften." (Tagg 1980, S. 23)

Der englische Ausdruck für Volksmusik, so wie wir sie, in Form des Volksliedes, verstehen, ist nicht etwa „popular music" sondern „folksong" oder „folk music". (Langenscheidts Wörterbuch übersetzt „folkmusic" mit Folklore, was wiederum ein Wort aus dem Englischen ist. Der Duden erläutert zu „Folklore": (engl.) volkstümliche Überlieferung; Volkskunde; Volksmusik [in der Kunstmusik]).

Volksmusik ist in erster Linie Traditionsmusik, gewachsen aus den regionalen Sitten und Gebräuchen der Singenden oder Musizierenden. Sie wurde von Generation zu Generation weitergegeben, vielfach leicht verändert und selten schriftlich fixiert. „Das Wort „Volkslied" stammt von Johann Gottfried Herder (1744-1803), der damit Begriffe wie „Gassenhauer", „Bauerngesang" und „Cantio rusticalis" verdrängte" (Vgl. Lloyd, 1987, S. 658)

In den Volksliedern werden Dinge des täglichen Lebens besungen und es kann somit Arbeitslied, Liebeslied, Tanzlied, Kinderlied oder eine Ballade sein. (Ebenda, S. 658)

Die Volksmusik lieferte, wie schon in Kapitel 2.1 erwähnt, wichtige Elemente für die Popularmusik, aber auch für die Kunstmusik ab dem 18. Jahrhundert war sie unerlässlich. „Russische Komponisten wie Mussorgskij oder Tschaikowsky bauten Tonarten, Rhythmen und Melodien, die für die russische Volksmusik charakteristisch sind, in ihre Opern und Sinfonien ein. Besonders die Werke von Liszt, Dvorak und Bartok sind voll von Einflüssen der Volksmusik und des Volkstanzes." (Ebenda, S. 659) Einzelne Stücke aus Bela Bartoks Werk „Mikrokosmos" (1933-1940) tragen Überschriften wie „Bulgarischer Rhythmus" (Nr.113/115), „Tanz im ¾-Takt" (Nr.119), „Wie ein Volkslied" (Nr.100) oder „Kinderlied" (Nr. 106) und verweisen damit eindeutig auf Volksmusik.

Die „art music", im Deutschen als „Kunstmusik" oder undifferenziert als „Klassik" bezeichnet, verfügt über vergleichsweise strenge ästhetische und strukturelle Ordnungen, die die Popularmusik vermissen lässt. Als Beispiel sei hierfür die Fuge angeführt, die einem sehr genauen Kompositionsmuster (Dux, Comes, Durchführung, etc.) folgt, oder die Sonate (Exposition, Durchführung, Reprise), um nur zwei Beispiele zu nennen. Auch die Instrumentierung unterscheidet sich von der Popularmusik und Volksmusik, wenngleich kein Instrument für eine Musikgattung ausgeschlossen ist. Typisch ist jedoch ein Orchester mit Flöte,

Oboe, Klarinette, Horn, Trompete, Posaune, Pauke, Trommel, Violine, Bratsche, Cello und Kontrabass. In einem klassischen Blasorchester sind auch Fagott, Saxophone und Tuba zu finden (L. v. Beethoven, Marsch des Yorckschen Korps; nach Ziegenrücker 1988). Daneben ist sehr viel Musik für Klavier, Orgel und Gesang mit Begleitung geschrieben worden.

Die Volksmusik kommt in erster Linie mit Gesang aus, der unterstützt werden kann durch verschiedene Arten von Schlag- und Rhythmusinstrumenten, gitarrenähnlichen Saiten-instrumenten und regional verschiedenen Melodieinstrumenten.

In der Popularmusik war die Gitarre von Anfang an das prägende Instrument (siehe Kap. 2.1), hinzu kam Klavier (später Keyboard), Schlagzeug, E-Bass, verschiedene Blasinstrumente, Mundharmonika (besonders im Blues) und natürlich Gesang.

Es besteht, wie anhand der Ausführungen zu sehen war, eine notwendige Trennung von Popularmusik zu Art (Kunst)-Musik und Volksmusik. In der folgenden Tabelle soll gezeigt werden, welche Musikformen und –stile den einzelnen Kategorien zugeordnet werden können:

Popularmusik	**Kunstmusik**	**Volksmusik**
Gospels, Spirituals	Kunstlied	Volkslieder (in dt. Sprache)
Blues, Jazz	Oper	Kinderlieder
Countrymusic	Messe	Folksongs (engl./ nicht kommerziell)
Rock´n Roll	Oratorium	Trachtenmusik
Beat	Sinfonie	Alpenländische Blasmusik
Rock und Pop	Sonate	„Heimatmelodien"
Rap, Hip Hop,	Präludium und Fuge	Folklore (spanische)
Techno, House, Schranz	Klavierstücke (Nocturnes, Partiten, Variationen etc.)	länderspezifische Volksmusik (ungarische, griechische, etc.)
Schlager	Toccata	Fadogesang (portugiesisch)

Tab. 1 Musikformen (Die Tabelle erhebt nicht den Anspruch der Vollständigkeit)

Philip Tagg entwickelte zu den drei o.g. Musiktypen das „Axiomatische Dreieck" „in dem sich alle musikalische Vielfalt unserer Tage verorten lässt." (Tagg 1980)

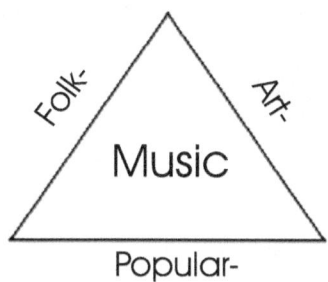

Abb. 1: Axiomatisches Dreieck

2.3 Spirituals und Gospels – die „neue" Kirchenmusik in Amerika

Gospelkonzerte, Gospelchöre und Gospelmusicals – der Musikmarkt boomt nur so von Gospelgesängen. Längst sind die christlichen Wurzeln verschwunden und die Musik wird konzertant oder auf Tonträgern vermarktet. Und immer wieder wird Spiritual und Gospel als Synonym für einander verwendet. Allerdings besteht hier begrifflich und historisch sehr wohl ein Unterschied. Aus diesem Grund folgt im nächsten Kapitel erst einmal ein Begriffsunterscheidung, bevor die Ursprünge der Spirituals erläutert werden.

2.3.1 Begriffsunterscheidung

Als Spiritual (engl. spirit/spiritual: Geist/geistlich) wird der Gesang der schwarzen Bevölkerung Nordamerikas bezeichnet, der im 19. Jahrhundert unter den Sklaven *außerhalb* des kirchlichen Gottesdienstes entstand. Schon vorher wurde der Begriff von anglo-amerikanischen Siedlern für geistliche Lieder und Hymnengesänge benutzt. Die Schwarzen übernahmen den Begriff, nach ihrer notgedrungenen Christianisierung (ihre Ursprungsreligion wurde konsequent unterdrückt; vgl. Dalferth 2000, S. 55), für ihre Gesänge.

Inhalte der Spirituals sind Themen aus dem Alten Testament der Bibel:

„When Israel was in Egypts Land, let my people go. Oppressed so hard, they could not stand, let my people go". (Aus dem Spiritual „Go down Moses", zitiert nach DaCapo 1997, S. 107). Hier geht es um die Gefangenschaft des Volkes Israel in Ägypten (2. Buch Moses), mit dem sich die schwarzen Sklaven sehr gut identifizieren können, da sie ebenfalls in Gefangenschaft leben. (Abdruck des Liedes im Anhang: Nr. 2)

Ein weiteres Beispiel sei das Spiritual „Joshua fit the battle of Jericho", das von dem Fall der Stadt Jericho, mit Gottes Hilfe durch Joshua, erzählt. (Buch Joshua, 6. Kap.) Auch hier steckt eine Sehnsucht nach Gottes Hilfe in dem Text, er möge sie (die Sklaven) befreien. (siehe Abdruck auf Seite 82)

Gesungen wurden diese Lieder zur Arbeit oder am Abend in Gemeinschaft, denn „der von seinem Stamm Getrennte findet in den Figuren des Spirituals und in der singenden Gemeinschaft neue, lebensnotwendige Heimat" (Klimkeit 1993, S. 64)

Der Gospel hingegen formte sich *im* gelebten Gottesdienst der schwarzen jungen Christen. Schon sein Name gibt Auskunft über den Inhalt: „gospel" bedeutet übersetzt „Evangelium" und enthält damit Geschichten des Neuen Testaments der Bibel, primär der Evangelien.

Ein entscheidendes Merkmal, sowohl der Gospels als auch der Spirituals, ist die Unterteilung in Vorsänger und Chor (oder Volk), in der Fachsprache als „Call" und „Response" bezeichnet. (vgl. Buchner 1987, S. 98) Entweder der „Vorarbeiter" oder Aufseher gab eine Liedzeile vor und alle fielen mit einem Text ein, oder die „Worte des Predigers [im Gottesdienst] wurden von spontanen Zurufen und gesungenen Floskeln begleitet, wenn er in einer Art Zungenreden das Evangelium – also den Gospel – vortrug. Die versammelte Gemeinde antwortete in dem von der täglichen Arbeit gewohnten Ruf-Antwort [Call-Response] – Schema. Die Entstehung des Gospels ist eng an das gottesdienstliche Geschehen gebunden." (Kneif 1982, S. 98)

Als Beispiele für das Call-Response-Schema ist hier „Somebody´s knocking at your door" angeführt:

Somebody's knocking at your door

trad. Spiritual

(Notenbeispiel)

(Abb. 2: Lied „Somebody's knocking at your door" (DaCapo 1997, S. 123))

Der Refrain wird am Anfang von allen gesungen, während dann unterschieden wird, zwischen „Vorsänger": „Knocks like Jesus" (Takt 17-18) und „Alle": „Somebody's knocking at your door".(Takte 19-21) Der gleiche Text wiederholt sich auf einer anderen Melodie (Takt 23/24 Call und Takte 25-27 Response). Danach singt einer: „Oh sinner why don't you answer" (Takte 29-32) und alle fallen mit „Somebody's knocking at your door" (Takte 33-35) ein.

(Weitere Beispiele im Anhang: „Oh happy day" (Nr. 5), „Swing low" (Nr. 4))

2.3.2 Entwicklung und Verbreitung

Als einer der ersten Musikstile aus der Vermischung von afrikanischer und europäischer Musikkultur kann der Spiritual gelten. „Spirituals entstanden aus volksliedhaftem musikalischem Material und leicht memorierbaren, [biblisch orientierten] Texten und sind eine US-amerikanische Liedform, die zu Beginn des 19. Jahrhunderts auftauchte. Der Terminus selbst ist aber erst ab 1864 nachweisbar." (Lowens 1965, Sp. 1050)

Lowens hebt das „volksliedhafte Material" hervor, aus dem die Musik entstand, und zeigt damit, dass die Musik eine logische Fortführung der musikalischen Traditionen aus Europa und Afrika ist. Die Melodie ist nicht neu, und der Rhythmus auch nicht, aber die Kombination aus beidem hatte es in dieser Form vorher noch nicht gegeben.

Schon früh hatten die neuen „Kirchenlieder" ihren festen Sitz im Gottesdienst, bzw. wurden in diesem geboren. Oscar Söhnen schreibt hierzu: „Im Gottesdienst werden sie nicht nur gesungen, sondern auch geschaffen, und zwar nicht als Kunst, sondern als gottesdienstliche Gebrauchsmusik. Sie sind also das, was alle Kirchenmusik sein soll: Funktion der Kirche." (zitiert nach Lehmann 1965, S. 111)

Aufgrund dieser Feststellung ist die immense Kritik am Import von Gospels nach Deutschland, Ende der 50er Jahre schwer zu verstehen. (Vgl. Kap. 4.2.1)

Was passiert nun genau in solch einem Gottesdienst?

Wer einen Gospelgottesdienst – möglichst in Amerika – miterlebt hat, wird wissen, dass das Gefühl welches man dort erlebt, schwer zu beschreiben ist. Ein Versuch sei trotzdem gewagt:

Beim Betreten des Gotteshauses fällt als erstes auf, dass keine „Sitzbänke" vorhanden sind, wie man es in Europa gewohnt ist, sondern allenfalls eine einfache Bestuhlung. Der Gottesdienst wird im Stehen gefeiert. Und hier ist wirklich das Wort „gefeiert" so gemeint, wie es sich von „Feier" ableitet. Es ist ein Fest für die ganze Gemeinde. Der Priester „hält" nicht den Gottesdienst, sondern gibt Impulse in die Gemeinde. Musikalisch gesehen geschieht dies, durch die Vorgabe eines Rhythmus, der durch Fußstampfen, Klatschen und Fingerschnipsen begonnen wird. Im Laufe der Zeit steigert er sich in der Geschwindigkeit und „reißt" sozusagen die Leute mit. Zwischenrufe wie „Amen", „Oh yeah", oder „yes" sind zu hören, die aber keinesfalls störend wirken. Auch Bibelzitate oder spontaner Lobpreis Gottes fließen in den Rhythmus ein, bis der Prediger (oder ein Mitglied der Gemeinde) einen Bibelvers aus der Predigt musikalisch zu formen beginnt. Nach einiger Zeit bildet sich eine klare Melodielinie heraus und die Rufe der anderen Teilnehmer werden in die entstandene Melodie eingebaut. (Natürlich können auch bekannte Gospels gesungen werden, die sich aber nach dem gleichen Schema langsam aufbauen.) Es kristallisiert sich das Call-Response-System heraus und die Gemeinde tanzt (!) zu den Liedern. Man wird als Teilnehmer einfach mitgerissen und kann gar nicht anders, als ebenfalls zu klatschen und zu singen. Es passiert etwas in einem selbst und man hat das Gefühl mit der Gemeinde eine – aus dem gleichen Wortstamm gebildete – „Gemeinschaft" zu haben. (Geschildert aufgrund der Erinnerung an einen Gottesdienstbesuch in San Francisco, August 1997).

1874 kam der Gospel erstmals nach Europa, genauer nach England: Die Fisk University in Nasville/Tennessee, 1866 für schwarze Studenten gegründet, rief, aufgrund ihrer finanziell verzweifelten Lage, durch den Schatzmeister George White einen Chor ins Leben, der mit Konzerten Geld beschaffen sollte. Durch diese „Fisk Jubilee Singers" (wie sie sich nannten) „wurden die Negro Spirituals zum ersten Mal der Weltöffentlichkeit bekannt gemacht. Erste Amerikatourneen 1871 und 1873/74 waren große Erfolge und führten zu einer Tournee durch England. (Vgl. Lehmann 1965, S. 59/60)

Jedoch erst die Kommerzialisierung des Negro-Spirituals, mit dem Aufkommen der Schallplattenindustrie in den 20er Jahren, verschaffte dieser Form der Musik durch Thomas A. Dorsley („Gospel Song") in Europa größere Bekanntheit. (Vgl. Schmidt-Joos 1990, S. 911)

Nach dem zweiten Weltkrieg wurde der Gospel, und daraus folgend der Blues (siehe Kap. 2.5), progressiv durch Festivals (z.B. American Folk-Blues-Festival 1962) und Adaptionen in die deutschen Kirchenmusik (siehe Kap. 4.2.1) gefördert.

Heutzutage sind Gospelchöre, wie eingangs erwähnt, keine Seltenheit mehr und sehr beliebt bei dem Publikum. Zwei aktuelle, lokale Beispiele mögen dies bestätigen: Im Jahre 2000 tourte ein Gospelchor mit dem Musical „Hope" durch Südhessen und trat u.a. bei dem „Heusenstammer Kultursommer" auf. Die Besucherzahl für diesen einen Auftritt lag bei über 350 Personen. Ebenfalls rund 300 Besucher hatte eine Gospelaufführung unter dem Motto „Gospel meets Soul" am 13.10.2000 im Dietzenbacher Bürgerhaus.

2.4 Worksongs als Gegenpol zu Gospels

Worksongs sind, wie der Name schon sagt, Arbeitslieder. Einstimmig gesungen, gibt es, ähnlich den Spirituals, einen Vorsänger und einen Chor aus Arbeitern. „Ihr Grundrhythmus entspricht dabei den Arbeitsbewegungen der Sänger." (Meyers 1980, Bd. 25, S. 502) So wurden bei schwerer körperlicher Arbeit auf dem Feld, beim Holzhacken, Zerschlagen von Steinen oder beim Verlegen von Bahnschienen, Lieder gesungen, die durch ihren Takt einen gleichbleibenden

Arbeitsrhythmus gaben, oder „um die triste Arbeit erträglicher zu gestalten." (Ebenda, S. 504)

Sie können als Gegenstück zu den religiösen Gospels gesehen werden, von denen sie sich melodisch und rhythmisch nicht unterschieden, aber die Botschaft und der Gebrauch der Worksongs war konträr.

Die fortschreitende Industrialisierung führte zum Verschwinden des Worksongs. Allerdings existieren seine Elemente weiter im Folk, Jazz und besonders Blues.

Auf einem Arbeitsblatt der Mathildenschule in Offenbach (Musikunterricht, 9.Klasse 1999) wurde die Entwicklung der populären Musik von ihren Ursprüngen bis zum Rock´n Roll, anschaulich dargestellt:

Aus der Verschmelzung von *europäischen* und *afrikanischen* Musiktraditionen entstand die afro – amerikanische Musikkultur.

Spirituals (Kirchenmusik)   Folksongs (Arbeitslieder)

Country Blues
(ländliche Unterhaltungsmusik)

City Blues
(städtischer Blues)

Rhythm & Blues

Rock´n Roll

2.5 Blues in seiner Formenvielfalt

Aus Elementen von Spirituals bzw. Gospels und Worksongs entstand, ebenfalls bei der schwarzen Bevölkerung Amerikas, der „Blues" als weltliche Musikfolklore im Gegensatz zu den religiösen Formen.

„Blues" bedeutet übersetzt „Trübsinn" (Langenscheidt 1984) und trifft damit den musikalischen Ausdruck der Musik. „Ein Blues ist ein tiefempfundener Song, sehr, persönlich und gefühlsbestimmt. Er spiegelt die Gefühle der Schwarzen aus allen Teilen des amerikanischen Südens." (Dalferth 2000, S. 67) Und diese Gefühle waren natürlich größtenteils Kummer und Frustration über ihr Sklavendasein. Mit dem Blues hatten die Sklaven etwas, was ihnen keiner nehmen konnte. Sie konnten ihrer Freiheit beraubt werden, aber nicht ihrer Musik. (Wenngleich diese Musik auch auf der Grundlage von europäischen Elementen entstand. (Siehe unten))

Die erste schriftliche Fixierung von Sklavenliedern, also Worksongs, Gospels und Blues, erschien 1867 unter dem Titel „Slave Songs of the United States" (vgl. Lehmann 1965, S. 143) „Diese Liedersammlung dokumentiert, dass sich der größte Teil der Songs [wirklich] von der europäischen Kunstmusik herleitete. Der Gesangsstil und die musikalische Auffassung hatten jedoch nur wenig mit der europäischen Musik zu tun." (Charters 1982, S. 20)

Stilistisch durchlebte der Blues eine große Formenvielfalt. Beginnend mit dem Countryblues, der sich auf dem „Lande" – also außerhalb von Städten – entwickelte, kann man diesen Bluesstil als Unterhaltungs- oder Volksmusik der Schwarzen bezeichnen, die sich zu seiner Performanz der Mundharmonika oder der Gitarre bedienten und in den Songs Geschichten aus dem Leben der Landbevölkerung erzählten. Gelegentlich wurde bei der Darbietung eines Blues auf der Gitarre die sogenannte „Bottleneck-Technik" verwendet: „Spieler stecken sich abgeschlagene Flaschenhälse auf die Finger, gleiten damit die Saiten entlang und erzeugen dabei fließende Glissandi. Daher auch der Name „Slide-Guitar". (Schmidt-Joos 1990, S. 898)

Zwischen 1920 und 1940 zogen viele farbige Landarbeiter vom ländlichen Süden der USA in die Städte des Nordens (z.B. Chicago), denn hier gab es mehr Arbeit für sie. Auch Musiker und die Musik selbst folgten diesem Wegzug. Durch neue Einflüsse aus den Städten entwickelte sich „in der Mitte der zwanziger Jahre ein härterer und vereinfachter Blues, der „City Blues". (Wichtigster Vertreter: B. B. King)" (Dalferth 2000, S. 69)

Ein 12-taktiger Ablauf wurde zum grundlegenden Schema und verdrängte Varianten aus dem Countryblues." (Kneif 1982, S. 43) Das Schema ist heute noch als „Blues-Schema" bekannt und geläufig: 4 Takte Tonika, 2 Takte Subdominate, 2 Takte Tonika, 1 Takt Dominante, 1 Takt Subdominate und 2 Takte Tonika. (siehe Abb. 4)

Charakteristisch für den Blues sind die „Blue-Notes". Kleine Terz und große Terz werden abwechselnd nebeneinander verwendet, ebenso kleine Septimen und manchmal auch verminderte Quinten. (siehe Abb. 4: Beispiele a, b und c)

Abb. 4: Blue-Notes und 12-taktiges Bluesschema

„Die Bezeichnung „Rhythm and Blues" (R&B) bürgerte sich Ende der 40er Jahre durch die US-Zeitschrift Billboard ein. (Shaw 1983, S. XV) Mit diesem Begriff begann die professionelle Vermarktung des Blues. Schwarze Musiker konnten mit ihrer Musik viel Geld verdienen und „R&B half den Schwarzen, ein neues Selbstgefühl zu entwickeln, das zum Aufstieg von Martin Luther King führte und schließlich 1954 gegen die Rassentrennung in Schulen gipfelte" (Ebenda, S. XVII)

Musik wirkte und bewirkte hier etwas bei den Menschen und der Gesellschaft, was gegebene Strukturen aufbrechen ließ. Dieses Phänomen ist öfter in der Musikgeschichte zu beobachten (z.B. die Protestsongs Ende der 60er Jahre mit deren Gipfelung in Woodstock (siehe Kap. 2.10.2)

2.6 Jazz – die Renaissance der Blasmusik

Der Jazz ist ebenfalls den „afroamerikanischen" Musikstilen, wie zuvor schon der Blues, zuzuordnen. Er entstand aus einer Verschmelzung von Gospel und Worksong mit den Elementen der europäischen Marsch- und Tanzmusik. (Vgl. Meyers 1980, Bd.13, S. 102)

Ab 1890 lässt sich dieser neue Musikstil feststellen, wird aber namentlich erst seit ca. 1917 mit dem Begriff „Jazz" bezeichnet. (Neues Großes Lexikon 1988, S. 331/Meyers 1980, S. 102) Er unterlag aber im Laufe der folgenden Jahrzehnte einem ständigen Wandel und brachte viele neue Musikstile hervor, die teilweise Namen bekamen, welche nicht mehr auf das Wort Jazz zurückgriffen. Joachim Ernst Bender ordnete die Entwicklung des Jazz in seinem „Großen Jazzbuch", welches seit 1953 über 500.000 Mal erschien, nach einzelnen Jahrzehnten:

Ragtime ab 1890; New-Orleans-Jazz um 1900; Dixieland-Jazz um 1910; Chicago-Jazz seit 1920; Swing seit 1930; Bebop ab 1940; Cool-Hardbop um 1950 und Free Jazz seit 1960.

Ursprünglich entwickelte sich der Jazz in den Städten des Südens als Straßenmusik. Erinnert sei hier an die Marching- oder Brassbands. Die europäische Blasmusik wurde versucht zu imitieren, erlebte aber starken afroamerikanischen Einfluss „in Spielweise, Timbre, Rhythmus und Intonation. In Ragtime-Manier spielten die Schwarzen die Melodie synkopisch gegen das Metrum. Dadurch wurde die strenge Marschrhythmik mit ihrer starren 1-3-Betonung aufgelöst und der „Offbeat" [Betonung auf die 2. und 4. Zählzeit eines Taktes] vorbereitet." (Dalferth 2000, S. 71)

Weiße Musiker ahmten den Stil der Schwarzen nach, passten ihn dem Geschmack der Weißen an und nannten das Produkt „Dixiland-Jazz" (Vgl. Duden Musik 1989, S. 160). Die erste Band hierfür war die „Original Dixieland Jassband", die 1917 in New York die erste Schallplattenaufnahme einspielte. (Ziegenrücker 1989, S. 185)

Interessant ist, dass sich der Jazz in Deutschland nur schwerlich durchsetzen konnte. Er hatte anfangs mit massiven Vorurteilen zu kämpfen. Als im Frankfurter Konservatorium eine Jazzklasse eingerichtet werden sollte, hieß es 1927 in dem Süddeutschen Musikkurier:

„Das Antideutsche, in welcher Form es auch auftritt, bekämpft unsere Kultur nach allen Seiten. Jazz bedeutet die Niedrigkeit, die Aharmonik, den Wahnsinn.

Es quiekt und schreit und tobt: Ein Laboratorium für Negerbluttransfusion [!!!]. Die heiligsten Güter sind in Gefahr. Geht ihm zu Leibe, diesem Dreckbazillus (...) den die gesamte (...) Musikwelt in Deutschland als eine Seuche, als eine elende Plage empfindet." (zit. nach: Polster 1989, S. 12)

Natürlich ist dieses Textzitat im Rahmen der nationalsozialistischen Motivationen zu sehen, weshalb sich erst nach dem zweiten Weltkrieg der Jazz ungehindert in Deutschland ausbreiten konnte, „vor allem, da die zahlreichen US-Soldaten „ihre Musik" hören wollten." (Dalferth 2000, S. 73)

2.7 Folksongs

Sehr nüchtern liest sich die Definition für Folksongs im „Rock-Lexikon" von Schmidt-Joos. Dort heißt es: „Folkloristische, angelsächsische Liedform, zumeist von Interpreten selbst auf der Gitarre begleitet.(...) Vorraussetzung für einen guten Folksänger ist die Identifizierung mit seinem Material." (a.a.O. S. 909) Dem gibt es aber noch einiges hinzuzufügen:

Ein Folksong entstammte ursprünglich aus dem traditionellen Liedbestand der jeweils eigenen Kultur des Sängers und wurde mündlich tradiert – genauso wie das Volkslied, denn „Folksong" heißt nichts anderes als „Volkslied". Mit der Kommerzialisierung der Folkmusik in den 30er Jahren (durch z.B. Folkfestivals), wurde der Begriff in Verbindung mit Protest und Aktionen gebracht. Die Lieder hatten keine land(wirt)schaftlichen oder persönlichen Texte mehr (z.B. „Im Märzen der Bauer" oder „Wenn ich ein Vöglein wär"), sondern kritisierten Formen der Gesellschaft, Ereignisse oder Schicksale. („Puff, the magic dragon" (Drogenmissbrauch) „Leaving on a jetplane" (Verlassen, Einsamkeit), "Streets of London" (Armut, Trauer).

"Die Protestlieder wurden zum Kennzeichen für den Folk. Einer der bekanntesten Musiker dieser Szene war Woody Guthrie (1912-1967)." (Bergelt 2000, S. 40)

Aufgrund des überwältigenden Erfolgs des Rock´n Rolls (siehe Kap. 2.8) in den 50er Jahren, wurden die Folksongs vorerst verdrängt und konnten sich erst wieder Ende der 50er-, Anfang der 60er Jahre etablieren. In dieser Zeit griff der Folksong von Amerika auf Irland und England über. Vertreter in Irland waren die „Dubliners", in England „Bob Davenport". (Siniveer 1981, S. 105f)

Aus dem Folksong wurde durch Bob Dylan der Folk-Rock. „Dylan (...) wurde gegen Ende der 1950er-Jahre ein begeisterter Anhänger der Folk Music. Seine

Liebe zum Folk ging soweit, dass er sogar leugnete, jemals Rock´n Roll gespielt zu haben." (Bergelt 2000, S. 40)

Trat Dylan bis 1965 ausschließlich mit Gitarre und Mundharmonika im Gepäck auf, so überraschte er beim „Newport Folk Festival" im Juli 1965 mit einer vollständigen Rockbandbegleitung seiner Lieder auf der Bühne, wozu er selbst jetzt E-Gitarre spielte. Dieses Datum gilt vielen als die Geburtstunde des „Folk-Rock". (Vgl. ebenda, S. 40)

Bekannte Lieder von Bob Dylan sind „Mr. Tambourine Man", „Knocking on heavens door" und „Blowin´in the wind".

In Deutschland dauerte es wieder seine Zeit, bis auch hier die Folkmusik Fuß fassen konnte. Ihren Ausgangspunkt fand sie 1964 auf der Burg Waldeck, als sich mehrere Musiker zum Folk-Revival trafen. (Vgl. Siniveer 1981, S. 105) Als deutsche Folksänger werden Komponisten wie Hannes Wader, Wolf Biermann und Reinhard May bezeichnet. Der Begriff „Liedermacher" setzte sich als deutsches Wort durch und wird auch für Komponisten im kirchlichen Bereich verwendet. (siehe Kapitel 4.4)

2.8 Rock´n Roll und das neue Lebensgefühl

„One, two three a clock, four a clock, rock!" Wer kennt diese Textzeile nicht? Der Song „Rock around the clock" steht für ausgelassene Freude, schnellen Tanz, große Freiheit und symbolisiert damit ein völlig neues Lebensgefühl. Waren die Blues-Songs eher melancholisch angehaucht und der Jazz zum „mitschnippen", so konnte sich beim Rock´n Roll (R&R) der ganze Körper frei bewegen. Auch heutzutage geht von diesem Titel eine unbeschreibbare Stimmung aus, die das Publikum zu Klatschen, Aufstehen und „Zugabe-Schreien" animiert. (Erlebt bei einem Konzert des Heusenstammer ARG-Schulchores am 19.08.2001)

Wenn auch „Rock around the clock" (1954) von Bill Haley der bekannteste Song des R&R ist, so darf man aber andere Titel, wie etwa „Tutti Frutti" (1955) von Little Richard oder „Sweet Little Sixteen" (1958) von Chuck Berry nicht vergessen.

Interessant ist es, dass in diesem Stil zum ersten Mal das Wort „Rock" auftaucht. Michael Ventura führt den Begriff „Rock" auf den Gottesdienst! der schwarzen Sklaven in den Südstaaten der USA zurück: „Das Rocken eines Predigers umschreibt, dabei das ekstatische, rhythmische Chanten der Bibeltexte, die in Musik übergingen und von der ganzen Gemeinde mitgetragen wurden. Grob geschätzt seit der Jahrhundertwende und wahrscheinlich schon viel länger gibt es den Ausdruck „rocking the church" [Schüttele oder erschüttere die Kirche]. Wenn in den Kirchen der Schwarzen mitgeklatscht wurde, der Schweiß in Strömen floss, (...) der Heilige Geist unter ihnen war, dann wurde das „rocking the church" genannt." (Ventura, zit. nach Albrecht 1993, S. 29)

Schon in der Bibel kommt das Wort „Rock" vor, allerdings in der ursprünglichen Bedeutung von „Fels": „Du bist Petrus der Fels und auf diesem Felsen will ich meine Kirche bauen." (Mt. 16,18) Auf diesem „Rock – Fels" ist die Kirche gebaut. Überraschen mag, dass der Begriff Rock wohl aus der Kirche abzuleiten ist, wie so vieles in der Popularmusik, und die Kirche dennoch große Probleme mit dem Einzug der Popularmusik in ihre Gotteshäuser hatte und hat. (siehe Kapitel 7)

Zum musikalischen Inhalt des Rock'n Rolls, der seit 1954 von dem weißen Diskjockey Alan Freed über die New Yorker Radiostationen WINS und WABC popularisiert wurde, schreibt Meyers Lexikon 1980: „In den USA entstand 1951 aus dem kommerzialisierten Rhythm & Blues der Rock'n Roll. Folkloristische Primitivismen, Schlagermerkmale, lapidare Harmonik [häufig deckungsgleich mit dem o.g. 12-taktigen Blues-Schema], Shuffle-Rhyhthmik [punktierter Begleitrhythmus im Swing] sowie Starmechanismen ergaben eine ekstatische Bühnen-Show-Musik." (Meyers, Bd. 20, S. 228)

Aber auch Elemente der Countrymusic (angloamerikanische Musik aus dem Westen der USA) und Dixilandmelodien flossen in den R&R. Erwähnenswert ist, dass der R&R die erste Musik von „Jugendlichen für Jugendliche" war. (Vgl. Bergelt 2000, S. 42)

2.9 Beat und die Beatles

Der Musikstil „Beat" (engl. Schlag, Pulsschlag) ist musikalisch und geographisch ganz eng begrenzt, was man sonst von sehr wenigen Stilen behaupten kann. Wie schon beim Rock'n Roll gilt auch hier: Der Beat ist eine Musik von Jugendlichen für Jugendliche, denn er entstand als Amateurmusik derselben, aufgrund sozialer Spannungen und schlechter wirtschaftlicher Lage, am Mersey River in Großbritannien. „Die Jugendlichen spielten ihre Musik vor gleichaltrigem Publikum in Kneipen und Clubs der Vorstädte [von Liverpool], um Geld zu verdienen. Es war anfangs vor allem Rhythm & Blues und Rock'n Roll. (...)

Kennzeichnend für den sich daraus entwickelnden Beat waren drei elektrisch verstärkte Gitarren (Melodie- Rhythmus- und Bassgitarre), sowie das Singen in Gruppen, das sich noch aus der Folkmusik nährte." (Dalferth 2000, S. 83)

Erstmals wurde die Bezeichnung Beat im Titel der Musikzeitschrift „Mersey Beat. Britain's Leading Beat Paper", die ab Juli 1961 erschien, verwendet. Weltbekannt wurde der Beat aber erst durch die Liverpooler Band „Beatles".

Wenngleich um 1960 fast 350 Mersey-Beat-Gruppen gezählt werden konnten, schafften die Beatles 1963 den internationalen Durchbruch mit den Songs „From me to you" (7 Wochen Platz 1 in England), „She loves you" (6 Wochen Platz 1 in England und 2 Wochen Platz 1 in Amerika), „I want to hold your hand" (5 Wochen Platz 1 in England und 7 Wochen in Amerika) und läuteten mit der Belegung der ersten fünf Plätze in der amerikanischen Hitparade, am 04.April 1964 die sogenannte „British Invasion" ein, die zu einem Absatzboom britischer Musik in den USA führte, den es bis dahin noch nicht gab, denn jede bisherige Popularmusik entstand in den USA. (Vgl. Bergelt 2000, S. 34)

Allerdings darf man nicht vergessen, dass der Beat aus den oben genannten Musikstilen R&B und Rock'n Roll entstand, die afroamerikanischen Ursprungs sind.

In der zweiten Hälfte der 60er Jahre wurde der Begriff „Beat" von der amerikanischen Bezeichnung „Rock-Musik" verdrängt. Beat beschränkt sich also auf die Musikrichtung der 60er Jahre in Großbritannien und neben den Beatles waren seine Vertreter u.a. „The Searchers", „The Who", die Anfang der 90er Jahre nochmals Erfolg mit dem Musical „Thommy" hatten, und die „Rolling Stones".

2.10 Rock und Pop

2.10.1 Die Problematik der Differenzierung

Wenn heutzutage von Popularmusik gesprochen wird, so verwendet niemand dieses Wort, das, wie bisher deutlich wurde, der Oberbegriff für die verschiedenen Musikstile afro-amerikanischer Herkunft im 20. Jahrhunderts ist. Nein, es wird abwechselnd mal „Rockmusik", mal „Popmusik" verwendet, ohne genau zu differenzieren welcher Stil nun wirklich gemeint ist, denn sowohl Beat, Blues, Rap oder Hip Hop (mit jeweiligen Stilvielfalten) werden, aufgrund der schwierigen Unterscheidung und Abgrenzung gegeneinander, als Pop- oder Rockmusik bezeichnet. Noch schwieriger wird es, die einzelnen Stile innerhalb der eigentlichen Rockmusik zu unterscheiden (siehe Kap. 2.10.3)

Aber was ist die „eigentliche" Rockmusik?

Eggebrecht schreibt in seinem „Taschenlexikon Musik": „Rockmusik bezeichnet die von angloamerikanischen Einflüssen geprägten Spielarten der Popularmusik." (Eggebrecht 1984, Bd. 3, S. 113) Diese Definition ist nicht sehr hilfreich, denn somit wären alle bisher erörterten Musikstile (Kap. 2.3 bis 2.9) als Rockmusik zu benennen.

Schmidt-Joos umgeht in seinem „Rocklexikon" ebenfalls eine genaue Definition und Differenzierung von „Rockmusik", indem er Rock als „Sammelbezeichnung für alle populären, aus der schwarzen Blues- und der weißen Country & Western-Tradition abgeleiteten Musizierstile nach dem Rock´n Roll (1954)" sieht. (Schmidt-Joos 1990, S. 933) Und auch im Vorwort des gleichen Buches wird generell von Rockmusik gesprochen ohne zu differenzieren.

Lomax schreibt: „Afroamerikanische Volksmusik wird in der Folge als urbanisierte Form als Rhythm & Blues Grundlage der Rockmusik." (Lomax 1970, S. 181)

Viel klarer wird der Schüler-Duden Musik, wenn da unter „Rock" zu lesen ist: „Eine angloamerikanisch geprägte Art der Populärmusik, die sich mit der Rock´n Roll-Welle Anfang der 1950er und der Beatwelle der 1960er Jahre entfaltete und heute als der wandlungs- und entwicklungsfähigste Bereich der internationalen Populärmusik gilt. (...) Die historisch erste Erscheinungsform ist der Rock´n Roll." (Duden Musik 1989, S. 322)

Die Literaturbeispiele sollen zeigen, dass der Begriff „Rock" sehr häufig verwendet wird, ohne einen genauen Musikstil zu meinen, sondern eher situationsabhängig interpretiert werden muss oder als Sammelbegriff angewendet wird. Trotzdem gibt es einige Elemente, die ein „Rock" haben muss, damit er als Rock gelten kann: Bob Dylan führte sie 1965 ein, die E-Gitarre in der Folkmusic (siehe Kap. 2.7), und seitdem gehört sie – besonders im „verzerrten Sound" – unumgänglich dazu. Neben Gesang, E-Bass und Schlagzeug kann auch noch das Keyboard in einer Rock-Band dabei sein.

„Die federnde, swingende Rhythmik afroamerikanischer Vorbilder, die im frühen Rock´n Roll noch spürbar war, verwandelt sich weitgehend in hämmerndes Durchschlagen der Zählzeiten.(...) Seit dem Beat werden Melodik und vor allem Harmonik durch modale (kirchentonale) Elemente bereichert.(...) Improvisation [und Soli] sind häufig.(...) Wesentlich ist schließlich die oft virtuose Verwendung elektroakustischer Mittel, vom Verstärker über elektronische Instrumente bis zum Synthesizer." (Duden Musik 1989, S. 323)

Der „*Pop*", eine von „Popularmusik abgeleitete Kurzform" (Dalferth 2000, S. 83), hat das gleiche Problem wie die Rockmusik: er gilt als Sammelbegriff für verschiedene Musikstile.

Als Beispiel sei hier der „Deutsche Rock & Pop Musikerverband e.V." genannt, der sich als Bundesverband der Musiker, Musikurheber & Musikerinitiativen im Bereich der Popularmusik sieht. Auf seiner Informationsbroschüre gibt er die Musikstile „Rock & Pop", „Hard & Heavy", „Funk & Soul", „Country & Blues", „Hip Hop & Rap", „Schlager & Dance" und „Jazz & Folk" an, aber im Vereinsnamen werden alle Musikrichtungen unter „Rock & Pop" zusammenfasst. (Informationsbroschüre, Lüneburg 2001)

„Für viele Leute ist Popmusik minderwertige Massenware, sogenannter „Mainstream", der von der anspruchslosen Masse konsumiert wird." (Bergelt 2000, S. 18) Diese Aussage deckt sich mit der Behauptung, Popmusik sein ein Sammelbegriff, und vielfach wird alles, was im Radio gespielt wird, als Pop tituliert.

Radiosender, Fernsehen (insbesondere die Musikkanäle „Viva" und „MTV") und die Tonträgerindustrie spielen bei der Rock- und/oder Popmusik eine wichtige Rolle, denn sie sind das Sprachrohr und die Publizisten, ohne die ein Popsong kaum Erfolg hätte. (Zu Verkaufszahlen siehe Kap. 10)

Viele bekannte Soziologen und Musikkritiker wagten den Versuch einer Definition, ohne jedoch eine endgültige Klärung herbei zu führen: Theodor Adorno bezeichnete die Popmusik als „leichte Musik, schlagerähnlich", Joachim Ernst Berendt als „kommerzielle Musik", Siegfried Borris fasst darunter „alles was der administrative Unterstand in diesen Topf geworfen hat (Jazz, Blues, Rock'n Roll, Schlager, Folklore, Operette, Volkslied)" zusammen und Werner Hahn nennt die Popmusik „einen Sammelbegriff für verschiedenste Stile und Gattungen der Unterhaltungsmusik, durch vielfache Beziehungen zur afroamerikanischen Musik und vor allem durch die Verwendung von elektronischer Technik gekennzeichnet. (Rösing o.J., Bd. 17, S. 95-98)

Neben „Pop" als Oberbegriff, bezeichnet er im engeren musikalischen Sinne eine Form der aktuellen Unterhaltungsmusik, die sich einer breiten Masse öffnet, weil sie in Stil und Klang Extreme wie in der Rockmusik auf der einen, und des Schlagers[1] auf der anderen Seite vermeidet, und sich damit nicht so sehr an Teilgruppen des Publikums orientiert.

Als wichtigste Künstler des Pop sind „Michael Jackson", „Madonna", und „Prince" zu nennen; zu bekannten Rockbands gehören „Bon Jovi", „Queen" und „Scorpions". Auffällig ist hierbei, dass die Popmusik eher Solokünstler hervorbringt, während zur Darbietung von Rockmusik immer eine ganze Band gehört.

Die Problematik der Begriffsverwendung von „Rock" und „Pop" dürfte klar geworden sein, weshalb ich ab Kapitel 3 den Terminus „Rock- und Popmusik" für alle Musikstile der Popularmusik verwenden werde und mich damit einer gängigen Praxis in der Literatur anschließe. (Vgl. Hahnen 1998, S. 130)

2.10.2 Rock als politischer und sozialer Protest

Schwarze Kleidung, lange Haare, Drei-Tage-Bart und schnelle Motorräder prägen – typisiert – das Erscheinungsbild eines richtigen „Rockers". Natürlich treffen diese verschiedenen Merkmale nicht immer auf Anhänger der Rockmusik zu, aber sie sind beliebt, weil sich die Rockkonsumenten damit von ihrer restlichen Umwelt visuell absetzen und auffallen.

Und auffallen will man, denn es soll klar werden, dass man mit der Gesellschaft, so wie sie ist, nicht zufrieden ist.

Schon frühzeitig war der Rock Ausdruck von Auflehnung gegen die Eltern, die konservative Weltanschauung und die Politik. Waren die Beatles von ihrer Erscheinung her, eher die „netten Jungs von nebenan", setzten die „Rolling Stones" – zeitgleich zu den Beatles – auf Provokation und Negativimage und fanden damit viele Anhänger.

Einen ersten Höhepunkt erreichte diese „Auflehnung gegen die Gesellschaft" (Clive Barnes, Theaterkritiker der „New York Times") in dem 1968, am Broad-

---

[1] „Der Schlager ist fast immer mit einem Text versehen, der Glückssuche, Weltschmerz, flotte Liebesfreude usw. in einfachen Bildern zum Ausdruck bringt, (...) und verbrauchte Reizwörter wie Liebe, Sonnenschein, Wolke, Träume, Glück, Heimat, Ferne, Traurigkeit bis zum Überdruss wiederholt. Seine musikalische Faktur ist auf leichteste Eingängigkeit bedacht und besteht daher aus einer Aneinanderreihung von Wendungen melodischer, harmonischer und rhythmischer Art, die profillos und untereinander austauschbar sind." (Halbscheffel 1992, S. 345) Er zielt laut Musikduden eher auf ältere als auf jüngere Hörer, was sich jedoch durch den „Schlagerboom" zwischen 1998 bis etwa 2000 nivelliert hat.

way in New York, uraufgeführten Musical „Hair" von Gerome Ragni, James Rado und Galt McDermot. „Hippie-Darsteller mit nackter Haut und wirrem Haar (daher der Name) rebellierten gegen die Tabus der ungeliebten Spießer im Parkett. In aufsässigen, oft obszönen Strophen riefen sie zu Orgien, Marihuanagenuss und Rassenvermischung auf. Sie schändeten das Sternenbanner und erteilten, in voller Blöße, Liebeslehren nach dem Kamasutra. Die Love- and Flower-Power-Botschaft[2] (*Let the sunshine in*) wurde zum Riesenerfolg." (Schmidt-Joos 1990, S. 912)

Schon in den Folksongs der 60er Jahre war der Protest beliebt. „In den sogenannten „Topical-Songs" (u.a. Bob Dylan, Joan Beaz) wurden häufig in nachdenklicher Manier die Themen des Alltagsleben aufgegriffen." (Kögler 1994, S. 103) „Mit diesen Liedern wurde das Leben besungen, aber die Beziehung zwischen Lied und Hörer war nicht einseitig, sondern die Hörer fanden oft genug ihre eigenen Fragen und Sorgen und ihren Protest formuliert." (Hahnen 1998, S. 138/139)

Ein weiterer Höhepunkt der Auflehnung gegen alte Prinzipien, war das Musikfestival von Woodstock, das zwischen dem 15. und 17. August 1969 in der Nähe von Bethel, N.Y. veranstaltet wurde. „Etwa 400.000 Jugendliche kampierten in Autos uns Zelten, kopulierten in Schlafsäcken und pafften so viel Marihuana, dass man schon vom Einatmen der Luft benebelt wurde. Plakate verkündeten: <Schafft ein schöneres Amerika, nehmt Drogen>. Friedlich lauschten die Jugendlichen bei Sonne und Regen 32 Bands und Interpreten." (Schmidt-Joos 1990, S. 944)

In den 70er Jahren war die erste „Protestwelle" vorüber, wenngleich auch Rockmusiker zu langen Haaren verpflichtet waren. Das Motorrad wurde, besonders durch den Song „Bat out of Hell" (1977) von Meat Loaf (das Lied beginnt mit fast einminütigem Motorradgeheule), zum Statussymbol der Rocker.

Ein Aufschrei ging durch die Rockmusikwelt, als sich Anfang der 90er Jahre die Mitglieder der bekannten Hard-Rock-Band „Metallica" die langen Haare abschneiden ließen. Nach und nach wurden auch die Haare anderer Rockmusiker

---

[2] Als Flower Power wird die gewaltlose Demonstration einer Gruppe von Hippies um 1966 an der kalifornischen Westküste bezeichnet, die sich Blumen als Symbol der Unschuld und Friedfertigkeit ins Haar steckten, den Ordnungskräften der Nationalgarde bei den Campus-Rebellionen an der Berkeley-Universität Rosen in die Gewehrläufe steckten, und in euphorischen Drogensongs Liebe, Glück und Brüderlichkeit propagierten. (Vgl. Schmidt-Joos, S. 908) (Songs dazu: *If you going to San Francoso; Puff the Magic Dragon*)

kürzer. Hatte John Bon Jovi 1990 noch schulterlange Haare, waren sie 1992 nur noch nackenlang und 1997 kurz geschnitten.

Rockmusik als Protestmusik hatte ihre Blüte in den 60er und 70er Jahren, seit Mitte der 1990er verebbt das „typische Aussehen" von Rockmusikern zusehends.

2.10.3 Verschiedene Unterarten

Rock ist nicht gleich Rock. Obwohl es nicht einfach sein mag, zwischen einzelnen Stilnuancen zu unterscheiden, hat doch jede Unterart ihren eigenen Charakter.

Abbildung 5 zeigt die Entwicklung des „Rock" bis zu seiner Aufsplittung in acht Stile.

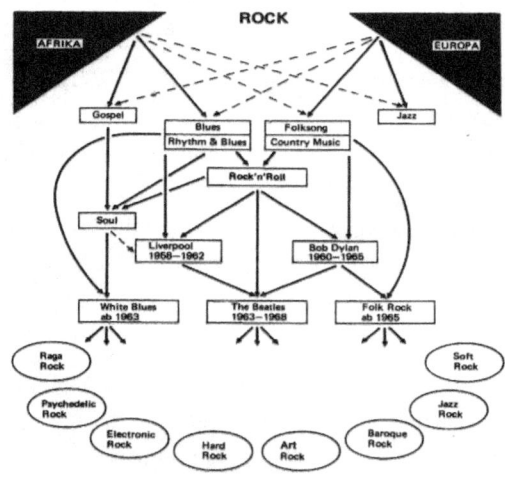

Abb. 5 Rock und seine Unterarten (aus: Schmidt-Joos 1990, S. 16)

Der *Folk-Rock* ist schon erwähnt worden und begründet sich auf Bob Dylan (1965). Ein Jahr später verschmolzen Gruppen wie „Jefferson Airplane" und andere, im LSD-Rausch in San Francisco ($\Rightarrow$ Flower Power), Klangpartikel aus geläufigen Musikarten zum facettenreichen „*Psychedelic Rock*" und artikulierten dazu eine phantasievolle Drogenpoesie.

In der Meditationsphase der Hippies, unter dem Einfluss indischer Gurus, begann in zahlreichen Musikstudios das alte indische Saiteninstrument Sitar zu sirren. Titel der Klangmode: *„Raga Rock"*

Elemente und Strukturen aus Werken von Bach, Vivaldi und Renaissancekomponisten drangen bei z.B. „Deep Purple" unter der Bezeichnung *„Baroque Rock"* in die Hitparaden.

1968/69 verschmolz bei Bands wie „Grateful Dead" der bisher linksliberale Rock mit der Country & Western-Musik, zum *„Country-Rock"*, während aus der Verschmelzung von Jazz mit Rock bei u.a. „Free Spirit" und „Chicago" der *„Jazz-Rock"* entstand. (Vgl. Schmidt-Joos 1990, S. 14/15)

Nach 1970 entstanden, durch veränderte Lautstärke und rhythmischer Behandlung des musikalischen Materials, *„Softrock"* als ruhiger, sanfter Rock und *„Hardrock"* als schnelle und harte Musik. „Die Entwicklung vollzog sich aber nicht chronologisch, als Ablösung von einem Stil durch den nächsten, sondern typisch ist ein Nebeneinander verschiedener Stile", (Duden Musik 1989, S. 323) deren Namen heute längst wieder verschwunden sind (Electonic Rock, Art Rock, etc.).

In England bildete sich Ende der 70er Jahre, aus der konsequenten Weiterentwicklung des Hard-Rock, mit einer Steigerung von Tempo, Aggressivität und Stilvielfalt eine weitere Rockart heraus, die eigentlich schon ein neuer Stil ist: Heavy Metal.

„Charakteristisch für viele Heavy Metal-Bands ist ein sehr harter, lauter und verzerrter Sound sowie die Zusammensetzung von Gesang, Sologitarre, Rhythmusgitarre, Bass und Schlagzeug mit Doppelfußmaschine. Die Stimme des Sängers wird nicht im klassischen Sinne des Singens gebraucht, sondern Schreien, Stöhnen, Röcheln, d.h. ein möglichst tiefer, martialischer Ausdruck, prägen den Stil." (Bergelt 2000, S. 14)

Ungeschriebenes Gesetz ist die Bebilderung der CD-Cover mit Symbolen, Elementen und Schriftzügen aus der Fantasy- und Gruselcomicwelt.

Der Heavy Metal brachte weitere Unterarten hervor, die hier, nur der Vollständigkeit wegen, namentlich erwähnt werden: Black Metal, Death Metal, Gothic Metal, Industrial Metal, Trash Metal, Speed Metal und Power Metal.

2.11 Rap, Musik aus den Gettos?

Nachdem alle Stile, die von schwarzen Musikern „kreiert" wurden, sehr bald von weißen Musikern kopiert und „geglättet" wurden, wie die Geschichte der Popularmusik zeigt, verlegten sich die Schwarzen immer wieder auf neues musikalisches Terrain.

Blues, Soul, Jazz war in den 80er Jahren bei den schwarzen Jugendlichen „out". Rock und Pop war die Musik der Weißen, mit der man sich schlecht identifizieren konnte.

Es musste etwas Neues her. Natürlich setzte sich niemand hin und entwarf einen neuen Musikstil, aber seit Anfang der 80er Jahre kristallisierte sich der „Rap" unter schwarzer Bevölkerung heraus.

„Rap ist ein amerikanisches Slangwort für „vollquatschen" und eine Erfindung schwarzer Jugendlicher aus den Gettos Harlem und South Bronx [in New York]. Die Rapper legten über ein simples Grundmuster aus Bass- und Schlagzeugfiguren einen rhythmisch präzise angepassten Sprechgesang, der (...) den Jargon von Sportplätzen und Schulhöfen in clevere Reime fasste und somit Straßen-Talk zur poetisch-verrückten Litanei erklärte." (Schmidt-Joos 1990, S. 929)

In dieser Musik konnten die Jugendlichen ihre Frustration und ihre Wünsche zum Ausdruck bringen und führte zu einem neuen Selbstbewusstsein der afroamerikanischen Kultur.

Ein Rap gliedert sich meistens in zwei Teile, die sich abwechseln: Ein schneller Sprechgesang (der eigentliche Rap) wird unterbrochen von melodisch-harmonischen Refrains, die gesungen werden. Ein gleichbleibendes, sich wiederholendes Harmonieschema liegt dem gesamten Rap zugrunde, welches in vielen Fällen altem Liedgut (bzw. Harmoniegut) entnommen wurde.

„Zu keiner Zeit ist so viel und unversteckt musikalischer Ideenklau betrieben worden wie im Rap. Computer, Sampler und digitale Tonträger bieten dafür unbegrenzte Möglichkeiten. Es werden Drumspur, Basslinie oder Bläserriffs öfter von schon vorhandenen Songs übernommen." (Bergelt 2000, S. 11) Gerne wird auch klassische Musik als Vorlage genommen, wie bei dem Song „C U when U get there" von Coolio, bei dem der Kanon in D-Dur von Johann Pachelbel als Vorlage diente, oder „Everything's gonna be alright" mit dem „Air" aus der Orchester-Suite No. 3 (BWV 1068) von Johann Sebastian Bach als Hintergrund.

Der Rap untergliedert sich stilistisch in zwei bzw. drei Arten:

„Old School Rap" ist der ursprünglichste, ohne großen technischen Aufwand. Seine Wurzeln liegen im Soul und Jazz-Rock und sind gut hörbar. Er wurde 1985 vom „New School Rap" verdrängt, der im Sound härter ist und in den Texten aggressiver wurde. Neue Aufnahmetechniken, die Compact Disc (CD) und Computer boten den Künstlern zudem unbegrenzten Zugriff auf Material der gesamten Musikgeschichte.

Als „Gangsta Rap" wird eine Spielart der New School bezeichnet. Die oft sexistischen und gewaltverherrlichenden Texte sind das Ergebnis von miserablen Lebensbedingungen auf der einen Seite und Provokation auf der anderen Seite. (Vgl. ebenda, S. 10)

Längst wurde der Rap wieder von „weißen" Künstlern kopiert und nachgemacht. (in Deutschland z.B. *Die Fantastischen Vier*)

2.12 Hip Hop

Hip Hop – ebenfalls eine Musik aus den Gettos Amerikas – bezeichnet „das gesamtkulturelle Bild und umfasst neben der Musik auch Tanz (Breakdance), Kunst (Graffiti) sowie Mode und Weltanschauung." (ebenda, S. 10)

Er entstand parallel zum Rap, bzw. diente als Grundlage des Rap, Ende der 70er Jahre.

Hip Hop vermischt Sprechgesang und Melodie auf enge Weise und ist mittlerweile ein kulturelles Phänomen, das auch in ganz Europa die Jugendkultur mitbestimmt.

Bei einem Exkursionstag des Fachbereichs Musikpädagogik[3] konnte man den Einfluss des Hip Hop auf den Schulalltag deutlich sehen. Die Schulabgänger der 10. Klasse ließen an ihrem Abschiedsfest pausenlos Hip Hop über die Lautsprecher der Schule schallen und tanzten dazu.

Das schien ihre Musik, ihre Welt zu sein, mit der sie sich von der Schule verabschiedeten.

Als deutscher Vertreter des Hip Hop ist die „Jazzkantine" zu nennen, die Hip Hop mit Elementen des Jazz mixt und damit sehr erfolgreich ist.

---

[3] Exkursionstag des Fachbereichs Musikpädagogik zur Integrierten Gesamtschule Kelsterbach unter der Leitung von Herrn Ulrich Mazurowicz, im Sommer-Semester 2001.

2.13 Techno – Entpersonifizierung der Musik

Wild flackernde, bunte Scheinwerfer, rasende Stroboskope, dichter Kunstnebel und ein hektisches, extrem lautes Wummern einer Base-Drum, gemischt mit Synthesizerklängen: Man muss es schon live erleben, das Feeling (Gefühl) von Techno.

So, oder ähnlich wirkt eine Techno-Disco auf die Besucher. Techno, das ist Party, das ist Massenerlebnis. „Ziel eines vielstündigen Raves (Veranstaltung mit Techno-Musik) ist vor allem eins: Die Ekstase. Und die lässt sich nicht alleine erleben, in kleinen Zirkeln oder mit dem Walkman auf der Straße. Die Techno-Ekstase braucht irrsinnig laute, eintönig hämmernde Musik, in die man eintauchen, eine Menschenmasse in der man aufgehen kann." (Brauck 1999, S. 11)

Von melodischer Musik, wie sie das Abendland gewohnt ist, ist beim Techno nichts mehr übrig, aber natürlich liegen seine Wurzel auch in der Rock- und Popmusik.

Schon Mitte der 70er Jahre verwendeten Gruppen wie „Kraftwerk", Synthesizerklänge und veränderten das Soundgefüge der Rockmusik, das zuvor überwiegend von der Gitarre bestimmt wurde. Damit war noch kein Techno geboren, aber die „synthetische" Musik wurde immer beliebter. 1980 entstand die Musikrichtung „House" im „Warehouse Club" (Chicago), bei der zwar noch Text und Melodie vorhanden sind, aber das Instrumentarium computergeneriert ist. Musiker gibt es nicht mehr, was umgekehrt aber auch bedeutet, dass keine Live-Konzerte in diesem Musikstil stattfinden können. Dafür hat man jedoch umsatzstarken Ersatz gefunden. (s.u.)

Über die Modifikationen „Electro" und „Acid House" brach sich um 1990 der Techno Bahn. „Nahezu zeitgleich in Europa und den USA entsteht der „Neue Stil" erst im „Untergrund" und setzt sich dann immer mehr auch als neue Popularmusik durch." (Bergelt 2000, S. 8)

Er ist reine Computermusik, aus einzelnen Spuren zusammengesetzt, die sich mit geeigneten Programmen auch am Heimcomputer erstellen lassen. Wichtigstes Merkmal ist der durchgehende Base-Drum-Schlag, nach dessen Geschwindigkeit die Qualität des Techno bestimmt wird: Geschwindigkeiten zwischen 200 bis 300 Beats (bpm = beats per minute) sind notwendig um die Raver anzuheizen.

Im Mittelpunkt steht kein Solokünstler oder eine Band, sondern der DJ (Disc Jokey), der die Techno-Platten auflegt und von einem Track in den anderen mixt. Die besten DJ´s sind dabei diejenigen, die das so geschickt machen, dass niemand den Übergang von einem zu nächsten Song wahrnimmt und das Gefühl entsteht, es sei stundenlang ein großer Rave. Zwei bekannte deutsche DJ´s sind der westfälische „Westbam" und der, in Offenbach am Main geborene Sven Väth, die die Musikszene nachhaltig beeinflussten.

„Techno wird in der Fachliteratur als weitgehend entpersönliche Musik kritisiert" schreibt Peter Hahnen (Hahnen 1998, S. 143), was aber auch Ziel des Techno ist, denn er soll ja Massenveranstaltung sein, jeder soll Teil des „Großen Ganzen" sein, ohne einen Personenkult zu betreiben. (Trotzdem wird dieser Kult mit manchen DJ´s getrieben z.B. Marusha, Väth, etc.)

Die Techno-Massenveranstaltungen gipfeln alljährlich in der „Love-Parade" in Berlin, die dort seit 1989 als offizielle Demonstration stattfindet. Diese Veranstaltungen bedeuten Umsatz, Vermarktung, Gewinn und zeigen ein stetiges Wachstum. Waren es 1989 gerade mal 150 Teilnehmer, stiegen die Zahlen ab 1995 rapide an: Im Juli 1995 kamen 500.000 Menschen zur Love-Parade, 1996 etwa 750.000, 1997 wurden 1 Million Leute gezählt, 1999 waren es bereits 1,5 Millionen! und ab 2000 (1,3 Mio. Teilnehmer) wurde die Veranstaltung international in verschiedenen Städten (Wien, Tel Aviv, Kapstadt, Leeds) unter dem gleichen Motto: „One world – one Loveparade" durchgeführt. (Quelle: www.loveparade.de)

Natürlich ist die Love-Parade mittlerweile vollständig kommerzialisiert. Jürgen Laarmann, Mitorganisator der ersten Love-Parade und Herausgeber der Techno-Zeitschrift „Frontpage" äußerte sich in einem Interview der Berliner Zeitung im Juli 2000 wie folgt zur Entwicklung der Veranstaltung:

> Es ist ein jährliches Spektakel, mit dem man sich als Altmeister natürlich schon beschäftigt. Sie hat einen normalen Status erreicht, wie der Karneval in Köln oder das Oktoberfest. Sie ist sicher nicht mehr eine Speerspitze der Avantgarde. Am Anfang hat man dissidente Musik auf dem Kudamm gemacht, um alte Omas zu erschrecken; und jetzt sind die Omas mit dabei. Im Rahmen des erweiterten Trash-Verständnisses ist es ja schon lustig, dass Cherno Jobatey und Gotthilf Fischer das Ganze für die ARD moderieren...

(Quelle: http://bz.berlin1.de/musikarchiv/love/bg01laar.htm)

Ravern wird immer wieder nachgesagt, sie könnten diese Musik nur ertragen, indem sie sich mit Drogen zunebeln. Ganz unwahr ist diese Behauptung sicherlich nicht, denn Ecstasy, Speed und sonstige Synthetische Drogen sind in der

Techno-Szene verbreitet, wie die Schließung der Technodisco „Omen" (Hausdisco von Sven Väth) in Frankfurt, am 18.Oktober 1998, aufgrund von verschiedenen Drogenfunden bei Razzien, zeigte. Aber verallgemeinern lässt sich die Aussage nicht, wenn dies auch gerne versucht wird.

Zu der Festnahme von vier Drogendealern bei einer Rave-Veranstaltung in München (27.Mai 1995) schrieb die Süddeutsche Zeitung: „Vier Festnahmen wegen Drogenbesitzes bei 60.000 Ravern. Ein besseres Ergebnis hatte auch der evangelische Kirchentag nicht zu bieten." (zit. nach Brauck 1999, S. 56)

Zum Abschluss seien noch die verschiedenen Unterarten des Techno genannt ohne darauf genauer einzugehen: Gabber, Hardcore-Techno, Trance, Acid, Jungle und Schranz. (siehe ebenda, S. 42/43)

3. Das Neue Geistliche Lied (NGL)

Nachdem nun ein Überblick über die historische Entwicklung der Popularmusik gegeben wurde, der auch deshalb wichtig war, weil verschiedene Begriffe aus der Popularmusik immer wieder im Neuen Geistlichen Lied auftauchen, behandelt dieses Kapitel das Neue Geistliche Lied in seiner Wortsubstanz. Was verbirgt sich hinter den einzelnen Wörtern „neu", „geistlich" und „Lied"? Und was für Kriterien müsste Kirchenmusik erfüllen um ein NGL zu sein?

Denn eine exakte Festlegung und Zugehörigkeit der Lieder zum NGL kann keiner eindeutig vornehmen. „Die Definition des NGL ist, dass man es nicht definieren kann" sagte W. Offele in einem Vortrag 1995 in Mainz. (Offele 1995, Manuskript 2, S. 12)

Ist zwar die genaue Zuordnung von Liedern zum Neuen Geistlichen Lied, oder seinen Unterarten (siehe Kap. 5), auch noch so schwierig, kristallisierte sich in den letzten ca. 10-15 Jahren ein Repertoire von Stücken heraus, das sowohl von Musikern, als auch von den Gemeinden gerne gesungen und gespielt wird, und all jene Lieder bilden die Referenz für die Frage „Was ist NGL". Denn nur was sich bewährt, bleibt in den Gemeinden lebendig und wird als Neues Geistliches Lied praktiziert.

3.1 Das Lied – altbekannt und immer wieder aktuell

Lieder begleiten einen von Kindesbeinen an. Wer kennt nicht die Kinderlieder „Alle meine Entchen", „Fuchs Du hast die Gans gestohlen" oder „Hänschen klein"? Und jedes Jahr in der Advents- und Weihnachtszeit (meistens sogar schon ab Anfang November) wird man auf diversen Feiern und in Kaufhäusern mit „Weihnachtsliedern" berieselt. In der Grundschule und auf Sommerlagern werden Volkslieder geträllert, und wer gläubig ist und in die Kirche geht, darf bei Kirchenliedern mitsingen.

Aber nicht nur altbekannte Lieder werden gerne gesungen, sondern auch Lieder aus dem 20. Jahrhundert der sogenannten Liedermacher (siehe Kap. 2.7). Hier sei „Über den Wolken" von Reinhard Mey genannt.

Wie es scheint kann man Liedern nicht ausweichen, sie sind in unserer Kultur fest verankert und jeder kennt wenigstens ein Dutzend.

Aber was genau ist ein Lied?

Das Musiklexikon von Buchner definiert: „Ein mit einer *singbaren Melodie* versehener Text, *gegliedert in Strophen*. Melodie und Text bilden eine Einheit. Zu unterscheiden sind das *Volkslied und das Kunstlied*, wobei die Grenzen fließend sind. Das Volkslied ist ein, *im Volk entstandenes oder von ihm aufgenommenes Lied*. Es wurde bis ins 19. und 20. Jahrhundert hinein in erster Linie mündlich weitergegeben und *erfuhr dadurch oftmals Veränderungen* in Text und Melodie." (Buchner 1987, S. 133)

Wichtig ist also eine „singbare Melodie", eine Melodie die eingängig ist und ohne besondere musikalische Kenntnisse reproduziert werden kann. Hierin unterscheidet sich das Volkslied vom Kunstlied. Letzteres hat eher schwierigere, verzierte Melodien mit großen Intervallsprüngen und wird von einem Instrument begleitet. Es gilt als „Vortragslied ausgebildeter Stimmen und Begleiter" (Hahnen 1998, S. 212)

Bei Franz Schubert (1797-1828) wurde das Kunstlied zu einer eigenen musikalischen Gattung. „Poetisch gehobene Deklamation der Singstimme, Nachzeichnung und eigenständige Deutung des Gedichtes (Textes) vor allem durch einen stimmungsvoll charakteristischen Klavierpart (...) und durchkomponierter Text sind die Kennzeichen der Liedkompositionen im 19. Jahrhundert." (Duden Musik 1989, S. 200)

Bezüglich dem „Durchkomponieren des Textes" unterscheidet sich auch das Kunstlied von Volkslied. (Wobei auf Ausnahmen in der Musikliteratur hinzuweisen ist.) Das Volkslied liegt in strophenförmiger Gestalt vor, oder als Sonderform sind Kehrverslieder möglich.

Abb. 6.1 Strophenlied „Der Mai ist gekommen"

Die fleißigen Waschfrauen

[Notation: 1.-10. Zeigt her eu-re Füß-chen, zeigt her eu-re Schuh, und se-het den flei-ßi-gen Waschfrau-en zu! 1. Sie wa-schen, sie wa-schen, sie wa-schen den gan-zen Tag.]

Abb. 6.2 Refrainlied „Die fleißigen Waschfrauen"

Abb. 6.1 zeigt ein Strophenlied, Abb. 6.2 ein Refrainlied, bei dem immer wieder der Text „Zeigt her eure Füße, zeigt her eure Schuh, und sehet den fleißigen Waschfrauen zu" zwischen den Strophen gesungen wird.

Neben einfacher Melodieführung ist auch die Harmonik auf wenige Akkorde beschränkt. In erster Linie sind das Tonika (T), Dominante (D) und Subdominante (S) (I. Stufe, IV. Stufe und V. Stufe), öfter auch die Doppeldominante (wie in Takt 10 bei „Der Mai ist gekommen" (D-Dur) und Takt 5 und 7 bei „Die fleißigen Waschfrauen" (A-Dur)) und die Mollparallele (VI.Stufe), aber großartige Modulationen (Wechsel in eine andere Tonart), chromatische Auf- oder Abgänge mit der entsprechenden Harmonik und häufiger Harmoniewechsel sind selten, wenn sie denn überhaupt vorkommen. Ein Volkslied lässt sich durchaus mit den drei Hauptharmonien (T,D,S) begleiten, ohne qualitative Einbußen hinzunehmen. (Das Lied „Auf einem Baum ein Kuckuck saß" benötigt sogar nur zwei Harmonien. Siehe Anhang: Nr. 6)

Bei dem Lied „Der Mai ist gekommen" kann auch sehr gut die typische, dreiteilige „Liedform" (A-B-A) betrachtet werden: „Diese Form gehört zu den reihenden Formen mit klar abgegliederten, in sich gerundeten Teilen (im Gegensatz zu der Sonatensatzform oder der Fuge)". (Duden Musik 1989, S. 201). Nach den ersten acht Takten (Teil A(A)) folgt ein, melodisch neuer Teil, der als „B" bezeichnet wird (Takte 9-12) und daran schließt sich wieder die Melodie des Anfangs (A) an. Zusammengesetzt ergibt sich die Liedform A-B-A.

Der Text wiederum bestimmt in einem Lied der Gattung „Volkslied" (also nicht Kunstlied), den Verwendungszweck. Werden z.B. weihnachtliche Themen angesprochen, handelt es sich um ein Weihnachtslied, werden Erlebnisse mit wenigen oder einfachen Worten erzählt, und bewegt sich die Melodie darüber hinaus noch im 5-Ton-Raum (in C-Dur: C,D,E,F,G), so kann davon ausgegangen werden, dass es ein Kinderlied ist.

Markant ist in jedem Fall, die *deutsche Sprache im Lied*, egal ob Kinderlied, Volkslied, Kirchenlied, Arbeitslied oder Adventslied.

Das Buchner-Lexikon betont darüber hinaus, die häufig festzustellenden Veränderungen in Melodie und Text. (a.a.O. S. 133) „Es geschieht eine aktive Aneignung seitens der Anwender, wozu auch Modifikationen wie Umdichtung und Zurechtsingen zählen." (Schepping in: Kreft 1985, S. 644) Dieses regional verschiedene „Zurechtsingen" begegnet einem öfter im Volksliedsingen. Anhand von Abbildung 7,1 und 7,2 wird das auch in der gedruckten Liedliteratur deutlich.

Auf de schäbsche Eisebahne

Auf de schwäbsche Ei-se-bah-ne
gibt's gar vie-le Halt-sta-ti-one: Schtue-gert, Ulm und
Bi-be-rach, Mek-ke-beu-re, Dur-les-bach.
Trul-la, trul-la, trul-la, trul-la,
trul-la, trul-la, trul-la, trul-la, Schtue-gert, Ulm und
Bi-be-rach, Mek-ke-beu-re, Dur-les-bach.

Abb. 7,1 und 7,2: „Auf de Schwäbsche Eisebahne" (nach „Das große Buch unserer beliebtesten Volkslieder", S. 28 und „Die schönsten Kinderlieder", S. 24)

In Takt 5 ist der Rhythmus der Melodie leicht verschieden: Die erste Version hat eine punktierte Achtel, gefolgt von einer 16-tel Note. Diese Rhythmik wird wiederholt, während in Version zwei nach der punktierten Achtel und der 16-tel Note zwei Achtel-Noten folgen.

Takt 7 ist dann sogar melodisch verschieden: In Beispiel eins beginnt das Wort „Meckebeure" mit dem gleichen Ton wie „Biberach" aufgehört hat, Beispiel zwei fängt eine große Terz (vier Halbtöne) höher an und bringt zudem einen anderen Rhythmus in den Takt.

Zusammengefasst zeichnet sich ein Lied durch singbare, eingängige Melodie, deutschen Text, Gliederung in Strophen (mit oder ohne Refrain), möglichst einfache Harmonik und Zurechtsingen der Melodie, aufgrund vielfacher Verwendung, auch ohne dass der Notentext vorliegt, aus.

Alle diese Eigenschaften treffen auch ziemlich genau auf das „Neue Geistliche Lied" zu, was nicht anders zu erwarten war, da es sich um die Gattung „Lied" handelt, wie der Titel sagt.

Bei dem NGL „Da berühren sich Himmel und Erde" kann man sowohl den Unterschied zwischen Strophe und Refrain sehen, eine einfache Melodie erkennen, als auch das Zurechtsingen von Liedern dokumentieren. In Abb. 8,1 ist das Lied in der Druckversion des tvd-Verlages dargestellt und danach eine Version, wie sie in den Gemeinden des Rhein-Main-Gebiets (Offenbach, Heusenstamm, Darmstadt, Dietzenbach, Mainz, etc.) geläufig ist.

Da berühren sich Himmel und Erde

[Notenbeispiel: "Da berühren sich Himmel und Erde" mit Akkordsymbolen, Original und "zurechtgesungene" Fassung]

Abb. 8,1 und 8,2: „Da berühren sich Himmel und Erde" (Laubach/Lehmann, aus: DaCapo 1997, S. 59), Original und „Zurechtgesungen"

Die praktizierte Form (unten; Abb. 8,2) ändert in Takt 7 einen Akkord von Moll nach Dur, lässt die Triolen in Takt 10 verschwinden und dehnt den Schluss (Takt 16) auf zwei Takte aus, anstatt auf einen, wie es im Original vorgesehen ist. Die Rhythmik wird in der Praxis auch gerne verändert, wie in den Takten 1, 3 und 5 zu sehen ist. (Übergebundene Achtel-Note an die Viertel-Note des neuen Taktes.)

Zwar klingt das Lied durch diese Veränderungen nicht vollkommen anders, aber es wurde dem Praxisgebrauch angepasst und modifiziert.

3.2 Was ist „neu" am Neuen Geistlichen Lied?

Wie schon im letzten Kapitel dargestellt, ist das NGL „nicht Kunstlied, sondern allgemein zugängliches und auch eindeutig funktionsorientiertes Lied. Es muss nicht von Chören einstudiert und vorgetragen werden, sondern kann leicht mit- und nachgesungen werden." (Hahnen 1998, S. 214) Es kann also gesagt werden, in dem NGL „sind alle Bemühungen um neue Mitsing- und Vortragslieder für das Gemeindeleben zusammengefasst." (Bubmann 1990, S. 22)

Jedoch ist das Mitsingen nicht das eigentliche „neue" am NGL, denn die „alten" Kirchenlieder waren auch als Gemeindelieder gedacht. Es muss schon noch mehr hinter dem Begriff stecken:

Schon im Alten Testament der Bibel, wird ein „neues Lied" gefordert, wie in den Psalmen 33,3 (Singet ihm ein neues Lied); Ps.40,4 (Er hat mir ein neues Lied in meinen Mund gelegt); Ps.96,1 (Singt dem Herrn ein neues Lied, singt dem Herrn alle Welt); Ps.98,1; Ps.144,9 und Ps.149,1 zu lesen ist. Jesaja 42,10 fordert ebenfalls zum Singen eines „Neuen Liedes" auf, denn „das Neue Lied (...) ist der Freudengesang über die endgültige Erlösung des Menschen durch Jahwes [Gottes] neues, unerwartetes Heilshandeln an Israel." (Deckert 1999, S. 9)

Dieses „Neue Lied" soll in der Kirche Einzug halten, soll zur Freude Gottes gesungen werden. „Neu" bezieht sich natürlich auch auf den Kompositionszeitraum, in diesem Falle ab 1960, wie in Kapitel 4 zu lesen ist, aber eben nicht nur, wie landläufig vermutet wird, denn was über 40 Jahre alt ist, kann nicht mehr als „neu" bezeichnet werden. „Neu" soll eher einen Wechsel in der künstlerischen Ausdrucksform aufzeigen und sich damit von allem vorher Geschaffenem distanzieren.

Das trifft beim NGL besonders auf die Rhythmik zu, die Elemente aus der Popularmusik verwendet (Off-Beat, Synkopen, „Swing-Punktierungen", schnelle Achtel-Läufe, etc.), auf die lebendige Sprache der Lieder, die zeitgerecht gestaltet ist und deshalb auch mehr jüngere Menschen anspricht[4] und auf leichte, vielleicht auch „peppige" Melodien, die zum „Ohrwurm" werden.

Offele (1995, Manuskript 2, S. 1-20) bietet einen Versuch an, Kriterien für das „Neue" am NGL zu fassen. „Von jedem der unten genannten, sollte mindestens ein Merkmal im Lied auftreten um es dem NGL zuzurechnen" (Ebd.):

1. Textliche Merkmale (Sprache atmet Gegenwart, trifft das Lebensgefühl des heutigen Menschen)

2. Melodische Merkmale (eingängige Melodien)

---

[4] Wer will heutzutage noch Liedtexte singen, die erst dreimal gelesen werden müssen, damit man sie versteht. Beispiel: "Jauchzt Erd und Himmel" 9. Str. aus: EKG Hessen-Nassau, 29.Aufl. 1987: „Christus hie auf Erden, durch dich in uns verkläret wird, all Schwachheit wollst vertreten. Der Welt Art stark noch in uns ist, und unser Fleisch danach gelüst, drum wollst uns täglich strafen, um Sünd und um Gerechtigkeit, und um Gericht mit Gütigkeit, dass wir in Gott entschlafen" (Ambrosius Blaurer 1492-1564)

3. Harmonische Merkmale (spätromantische Akkordfolgen)
4. Rhythmische Merkmale (u.a. Synkopen, Taktwechsel)

Diese Auflistung stellt eine gute Zusammenfassung dar, trifft aber nicht als ausreichende Merkmalsbestimmung für das NGL zu, wenn bei Herrn Offele schon *ein* Merkmal ausreicht, damit das Lied sich als „neu" von alten Kirchenliedern abhebt, denn man könnte auch einen neuen Text, auf ein Luther-Lied schreiben, einen Choral sehr „modern" harmonisieren oder bei einem Lied aus dem 18. Jahrhundert den Rhythmus verändern, ohne dass deswegen ein „Neues Geistliches Lied" entstanden wäre.

Wenn jedoch alle vier Merkmale, die größtenteils stark von den Ideen und Elementen der Popularmusik beeinflusst sind, zutreffen, und die Komposition nach 1960 durch junge Künstler entstand, ist das NGL als „neuer" Kirchenmusikstil gut umrissen.

3.3 Geistlich und nicht weltlich

Zwischen den Wörtern „Neues" und „Lied" fehlt noch das Wort „Geistliches", das eigentliche Bindeglied, das den Verwendungszweck oder die Botschaft der Lieder enthält.

„Neue Lieder" gab es schon zu allen Zeiten der Musikgeschichte. Man denke nur an die „Ars Nova", eine Musikepoche seit etwa 1320, aus der sich in der Renaissance das frühe Madrigal (eine lyrische Form der polyphonen, vokalen Kammermusik) entwickelte, oder die „Neue Musik", die als Sammelbezeichnung für Strömungen der Kunstmusik im 20. Jahrhundert gilt (Schönberg, Berg und Webern). Aber „geistlich" differenziert sich eindeutig von „weltlich".

Ein Gedankengut, eine Anschauung, eine Literatur oder eine Musik kann weltlich sein, oder geistlich, also religiös geprägt.

Von „Geistlichen Liedern" wird zwingend, ein Inhalt oder eine Aussage erwartet, die sich mit religiösen Themen beschäftigt. „Neu" und „Lied" ist nur das musikalische Gewand, das sich um die Botschaft der Lieder gruppiert – um es einmal bildlich auszudrücken.

Die Texte erzählen von Gott, von den Sehnsüchten und Problemen der Menschen, von der Erhaltung der Schöpfung, sie sind Gebete, Dank und Bitte, aber auch Lobpreisung Gottes. Die Lieder sind „nicht einfach in den Kirchenraum geholte Popmusik mit nachträglich zugetextetem Libretto, denn eine solche, sich auf Kontrafaktur beschränkende „Inkulturation" der Rock- und Popmusik in die Liturgie, deckt nicht das Materialobjekt, das hier als Neues Geistliches Lied bezeichnet wird[5]." (Hahnen 1998, S. 224)

Viele Lieder haben mit ihrer textlichen Aussage einen festen Platz im Gottesdienstablauf, für den die Lieder primär geschrieben wurden. Natürlich können die einzelnen Lieder auch bei anderen Gelegenheiten gesungen werden, und „nicht jedes Lied, das bspw. anlässlich des „Glorias" [im Gottesdienst] gesungen wird, muss expressis verbis ein Glorialied sein. Es kann durchaus ein Lied sein, dass die Ehre oder Herrlichkeit Gottes ausdrückt", ohne den genauen Inhalt des lateinischen „Gloria in excelsis deo" (Ehre sei Gott in der Höhe) wiederzugeben, wie es in der Katholischen Kirche vorgeschrieben ist. (Vgl. ebenda, S. 224)

Andere Lieder wiederum beschäftigen sich nicht direkt mit gottesdienstlichen Bezügen, sondern mit den christlichen Prinzipien wie u.a. „Nächstenliebe", „Hoffnung" und „Schöpfung" (siehe hierzu Kap. 6.1), aber auch an diesen ist ein religiöser Bezug zu erkennen.

Das NGL hat also eine kirchenmusikalische Funktionalität und „könnte sich in Hitparaden oder Diskotheken, trotz der Rock- und Popmusik im NGL, keine Chancen ausrechnen, und das auch nicht wollen." (Hahnen 1998, S. 223)

3.4 *Exkurs*: Der Aufbau des Gottesdienstes

Im vorherigen Kapitel wurde von dem gottesdienstlichen Bezug des Neuen Geistlichen Liedes gesprochen und z.B. das „Gloria" als Gesang der Messfeier erwähnt. Da eine Kenntnis über den Aufbau der Gottesdienstfeiern, für das NGL und die folgenden Kapitel m.E. notwendig ist, soll sowohl die katholische, als auch die evangelische Messfeier kurz als Exkurs aufgezeigt werden.

3.4.1 In der Katholischen Kirche

Die katholische Kirche hat die strengere Gottesdienststruktur und mit ihrem Ordinarium, fünf, in ihren Texten immer gleichbleibenden Gesänge: Kyrie, Gloria, Credo, Sanctus und Agnus Dei, die auch als Textvorlage für bekannte Messen von Komponisten wie J.S. Bach: „Hohe Messe h-Moll" (BWV 232),

---

[5] Dennoch gibt es auch hierzu einige Ausnahmen, wie etwa die Lieder „Nimm O Herr die Gaben die wir bringen", dessen Melodie aus der Rockoper „Jesus Christ Superstar" (A. Webber) stammt, oder „Vater Dank", das auf die Melodie von „Country Roads" (J. Denver) gesungen wird. (Liedabdrucke: siehe Anhang Nr. 7/15).

W.A.Mozart: „Missa c-Moll" (KV 427) oder L.v.Beethoven: „Missa solemnis" (op. 123) dienten. (Der Textinhalt ist im Anhang (Nr. 1) abgedruckt).

Aufbau der Messfeier: (Musikalische Messteile sind kursiv gedruckt dargestellt)

Vorspiel – Einzug – Gesang zur Eröffnung	*Credo* (kann auch gesprochen werden)
Begrüßung der Gemeinde durch den Priester	Fürbitten
Allgemeines Schuldbekenntnis	Gabenbereitung– *Lied zur Gabenbereitung*
Kyrie	Hochgebet
Gloria	*Sanctus*
Tagesgebet	Vater Unser *(kann gesungen werden)*
1. Lesung	Friedengebet *(evtl. Friedenslied)*
Zwischengesang	*Agnus Dei*
2. Lesung	Kommunion *(mit Gesang oder Musik)*
Halleluja	*Danklied*
Evangelium	Segen
Predigt (Homilie)	*Auszug (Schlusslied)*

Tab. 2: Aufbau des katholischen Gottesdienstes (nach „Gotteslob" 1975, S. 368ff)

Wie in Tabelle 2 zu sehen ist, können in den katholischen Gottesdienst bis zu 15 Lieder oder Instrumentalstücke eingebaut werden, und er bietet somit Musikern viele verschiedene Möglichkeiten, sowohl ruhige, meditative, als auch schnelle, mitreißende Lieder „unterzubringen". Auf der anderen Seite stellt er auch große Anforderungen an den Kirchenmusiker oder die Ausführenden des NGL, da die meisten Messteile nicht ohne musikalische Unterstützung auskommen. (Wie wirkt ein Gloria, Halleluja oder Sanctus, wenn es gesprochen statt gesungen wird?)

3.4.2 In der Evangelischen Kirche

Der evangelische Gottesdienst bietet auf den ersten Blick weniger Raum für musikalische Einlagen, als der Katholische, aber er ist flexibler im Gebrauch der einzelnen Gesänge. Muss z.B. ein Halleluja oder ein „Lied zur Gabenbereitung" in der katholischen Kirche, ganz bestimmte Kriterien erfüllen, ist der Inhalt der Gesänge im evangelischen Gottesdienst weniger streng diktiert.

Aufbau der Messfeier: (Musikalische Messteile sind kursiv gedruckt dargestellt; Ablauf ohne Abendmahl)

Vorspiel	*Lied vor der Predigt*
Eingangslied	Predigt
Begrüßung des Pfarrers mit Lob-Spruch	*Lied nach der Predigt*
Sündenbekenntnis	Fürbitten
Gnadenverkündigung	Vater unser *(auch als Lied möglich)*
Gebet	Einsammeln des Geld-Opfers
Schriftlesung	*Lied zum Opfer*
Halleluja *(kann durch ein Lied ersetzt werden)*	Dank und Segen
Glaubensbekenntnis	*Auszugsspiel*

Tab. 3: Aufbau des evangelischen Gottesdienstes (nach „Ordnung für den Hauptgottesdienst" herausgegeben von: Amt der ev. Kirche in Hessen u. Nassau, 1956)

Prinzipiell werden vier Gemeindelieder gesungen, und der Gottesdienst durch ein instrumentales Vor- und Nachspiel umrahmt. Aber auch das Halleluja und das Vater Unser könnten in Liedform ausgeführt werden. Zu beachten ist, dass der evangelische Gottesdienst bis zum Glaubensbekenntnis schon durch traditionelle, liturgische Melodien geprägt ist, und das Halleluja deshalb eine eigene Vertonung hat. (Ebenso der Lob-Spruch, das Sündenbekenntnis und die Gnadenverkündigung.)

Die Gemeindelieder können inhaltlich flexibel gestaltet werden.

4. Entstehung und Entwicklung des Neuen Geistlichen Liedes

Der Zweite Weltkrieg begann am 01.09.1939 mit dem Einmarsch deutscher Truppen nach Polen; seit dem Start des ersten russischen Satelliten „Sputnik" am 4.10.1957 konnte die intensive Erforschung des Weltraums und das Satelliten-Zeitalter beginnen und 1895 entdeckte Wilhelm Röntgen, die nach ihm benannten Strahlen zum photographischen Abbilden der menschlichen Knochen.

All diese Ereignisse lassen sich genau datieren und für die folgenden Entwicklungen ein Ursprungspunkt definieren.

Schwieriger ist es da bei dem Neuen Geistlichen Lied, denn dieses entstand aus einer langjährigen „schleichenden" Entwicklung heraus, und ist schwer auf einen genauen Entstehungstag festzulegen.

Die folgenden Kapitel sollen einen historischen Überblick über die Entwicklung des NGL geben, dessen Wurzeln bis zu Beginn des 20. Jahrhunderts zurück reichen, und das bis heute seine Entwicklung noch nicht vollständig abgeschlossen hat.

4.1 Kirchenmusikalische Erneuerung in der ersten Hälfte des 20. Jahrhunderts

Während des sogenannten „Wilhelminischen Zeitalters" (benannt nach Kaiser Wilhelm II. (1888-1918)) war die Oper und Operette die Unterhaltungsmusik des gehobenen Bürgertums. Eine Bewegung von jungen Menschen versuchte sich ab 1900 von dieser Welt des Bürgertums und den Wertvorstellungen der Industriegesellschaft abzusetzen, indem sie ein neues Leben der „Einfachheit", „Wahrhaftigkeit" und „Natürlichkeit" proklamierten.

Nicht die Musik des Bürgertums gewann bei dieser Jugendbewegung an Bedeutung, sondern das Volkslied und der Volkstanz. Beide verkörperten die drei oben genannten Ideale und passten somit sehr gut in die Bestrebungen der Bewegung. (Vgl. Duden Musik 1989, S. 164)

Durch die, von H. Breuer 1909 zusammengestellte Liedsammlung „Zupfgeigenhansel"[6], wurde die Bemühung um lebendiges Singen und Liedgut verstärkt, und

---

[6] Zupfgeige = Klampfe, also Gitarre

1913 wurde ein erster „Freideutscher Jugendtag" auf dem Hohen Meißner bei Kassel abgehalten, bei dem sich einzelne Jugendbünde, wie etwa der „Wandervogel", trafen. Hier erfolgte die Grundsteinlegung künftiger Arbeit, die offene Singstunden, regelmäßige Singwochen (ab 1923) und studentische Singkreise ins Leben rief. (Vgl. ebenda, S. 164)

Diese „Singbewegung" setzte wesentliche Impulse für eine kirchenmusikalische Erneuerung in der evangelischen Kirche, „die mehr oder weniger abseits der allgemeinen musikalischen Entwicklung stand. [Vgl. mit Kapitel 2]. Durch sie entwickelte sich das neue Kirchenlied vor allem im Kirchenkampf des Dritten Reiches und wurde bis in die 50er Jahre als gültiger und zeitgemäßer Ausdruck des kirchlich-biblischen Liedes angesehen." (R. Morath in: Opp 2001, S. 117)

Ein wichtiger Textschöpfer dieser kirchenmusikalischen Erneuerungsbewegung war Rudolf Alexander Schröder. Zwei seiner Lieder („Wir glauben Gott im höchsten Thron", 1937 (siehe Anhang: Nr. 8) und „Abend ward, bald kommt die Nacht", 1942) sind auch in das neue Evangelische Gesangbuch (EG) von 1994 aufgenommen worden.

Auf katholischer Seite zeichneten sich Künstler wie Georg und Marie-Luise Thurmair und Heinrich Rohr bis in die 50er Jahre für neue Kirchenlieder verantwortlich, die aber anfänglich dem traditionellen Kirchenlied verpflichtet waren. (Anhang Nr. 10: „O Herr aus tiefer Klage", ein Lied in der Kirchentonart „Phrygisch"; oder „Singet Lob unserm Gott" in: Gotteslob Nr. 260) Erst spätere Kompositionen von Heinrich Rohr in den 50er Jahren lassen „Zeitgeist" erkennen. (Beispiel im Anhang Nr. 9: „Wir sagen euch an, den lieben Advent")

Trotz dieser Neuschöpfungen, die musikalisch gesehen gar nicht „neu" waren, stammten in den 50er Jahren die geläufigen Liederbücher in der kirchlichen (evangelischen) Jugendarbeit, aus der Zeit vor dem NS-Regime (also vor 1933). „Es waren dies „Der helle Ton" (Evang. Jungmännerwerk Deutschland) und „Ein neues Lied" (Evangelischer Reichsverband weiblicher Jugend), die sich streng (bis auf wenige Ausnahmen) an das „Deutsche Evangelische Gesangbuch" von 1926 hielten. Die Bücher verstanden sich in der Liedtradition der Singbewegung, dienten aber auch als Vorreiter des künftigen Evangelischen Kirchengesangbuches (EKG), das Anfang der 50er Jahre erschien." (Dalferth 2000, S. 162f)

4.2 Aufbruch in die 60er Jahre

Erst Mitte bis Ende der 50er Jahre tat sich musikalisch wirklich Neues in den kirchlichen Kreisen.

Eine Gottesdienstgemeinde setzt sich nun mal nicht aus Personen zusammen, die abgeschottet in einem Kloster leben, sondern die Leute werden mit den Entwicklungen in der Welt konfrontiert. Und eine wichtige Entwicklung war die Verbreitung von Medien unter der Bevölkerung: Zwar wurde schon 1906 die Radioröhre erfunden, aber das erschwingliche Transistorradio, das sich ein Großteil der Bevölkerung leisten konnte, kam erst 1954 auf den Markt. Wurde auch der erste Fernsehbetrieb 1935 in Berlin aufgenommen, so erlangte der Fernseher, kriegsbedingt, erst Anfang der 50er Jahre seinen langsamen Durchbruch, insbesondere durch das Aufkommen des Farbfernsehens 1953. (Vgl. Reid 1987, S. 54f.)

Durch Radio und Fernsehen hielt die Popularmusik aus Amerika, Einzug in die Häuser und Wohnungen der Deutschen.

Zudem wuchs der Wohlstand ("Wirtschaftswunder") und damit kam ein neues Lebensgefühl, vor allem in der jüngeren Generation in Deutschland auf, die sich kulturell an aktuellen, internationalen Trends – wiederum bedingt durch Radio und Fernsehen – orientierte.

„Man empfand die überlieferten Formen, auch im kirchlichen Bereich, als nicht mehr zeitgemäß und suchte gegenwartsnahe, moderne Formen in Gottesdienst und Lied. Der plötzliche Aufbruch des Neuen Geistlichen Liedes [es ist übrigens nicht nachzuweisen, wer den Begriff zum ersten mal verwendete] etwa um 1960 kam für die offizielle Kirche und etablierte Kirchenmusik (...) sehr überraschend, wie die anfängliche Hilflosigkeit und z.T. scharfen Reaktionen diesen Phänomenen gegenüber zeigten. (siehe Kap. 7)" (R. Morath in: Opp 2001, S. 119)

4.2.1 Adaption von Gospelgesängen

Über das Radio gelangten Spirituals und Gospel aus Amerika nach Deutschland, die bis dahin fremd waren. Mit ihnen kamen neue Rhythmen und Textformen, die gewöhnungsbedürftig waren, aber wohl von der Jugend sehr positiv aufgenommen wurden. (Vgl. Dalferth 2000, S. 156) US-amerikanische Gospelchöre tourten durch Deutschland und aus England drangen Mitteilungen über erste Gottesdienste mit Jazz-Musik über den Kanal. (Vgl. Zenetti 1966, S. 254ff)

Durch die Veröffentlichung einer Liedersammlung mit Spirituals (J.E. Berendt (Hg.): Spirituals, Geistliche Lieder der Neger Amerikas, München 1955) lagen zum ersten mal Noten und Texte zu den „fremden" Gesängen vor und boten die Möglichkeit zum Nachspielen und Singen.

Die Gospels machten nun auch nicht mehr vor der Kirchentür halt. Lothar Zenetti ‚ein Frankfurter Pfarrer, schreibt aus seiner Erinnerung: „Im Mai 1956 haben wir in Königstein mit unserem Kinderchor in einer Kirchenandacht mit großer Begeisterung zwei verdeutschte Spirituals gesungen, aber ich möchte damit nicht behaupten, dass wir die ersten waren:" (Zenetti 1967, S. 200)

Im gleichen Jahr führte der Kirchenmusiker Helmut Barbe (*1927) das Musical „Halleluja Billy" von Ernst Lange beim evangelischen Kirchentag in Frankfurt/Main auf. Die, auf Elementen des Jazz aufgebaute Komposition, begeisterte sehr die Zuhörer, stieß aber auch auf massive Kritik, mit der sich fast alle Neuerungen (insbesondere im kirchlichen Bereich) auseinandersetzen müssen. „Das Musical erlebte einen Siegeszug durch Theater und Gemeindehäuser und im Sommer 1957 eroberte „Halleluja Billy" die Bretter des damals nagelneuen Schauspielhauses in Münster. In Berlin setzte sich der bekannte Theaterkritiker Friedrich Luft dafür ein, dass dieses in seiner Art rare Stück im Hebbel-Theater gezeigt werden konnte." (Simpfendörfer 1997, S. 65)

„Im Herbst 1956 fand in der Marktkirche zu Halle/Saale das erste eigentliche Spiritual- und Jazzkonzert in einer deutschen Kirche statt. Das war gewissermaßen der erste deutsche Spiritualgottesdienst. Lutz Nagel und Mitglieder seines Spiritualstudios aus Düsseldorf trugen geistliche Lieder der Schwarzen vor und eine einheimische Band spielte Oldtime Jazz. Konzertgottesdienste folgten in der Bethanienkirche in Leipzig, sowie in Dresden und Jena. (Dalferth 2000, S. 165/166)

Spätestens 1958 war die Diskussion um neue Musik, insbesondere Gospels und Jazz, in vollem Gange – sowohl positiv als auch negativ. Dabei wurde aber versucht, wie Zenetti erklärte, die englischen Gospeltexte in die deutsche Sprache zu übertragen, um die Musik für die Bevölkerung singbarer zu machen.

Viele Beispiele gibt es hierfür, von denen einige in der folgenden Tabelle 4 zusammengestellt sind:

Original	Deutsche Übertragung
He's got the whole world	Er hält die ganze Welt in seiner Hand
Go tell it on the mountains	Komm, sag es allen weiter
Go down Moses	Wir bringen gläubig Brot und Wein
Rock my soul	Gottes Liebe ist so wunderbar
Singin with a sword in my hands, Lord	Erd und Himmel sollen singen
Michael row the boat ashore	Hört, wen Jesus glücklich preist

Tabelle 4: Originale Spirituals und deutsche Übersetzung

Die deutsche Übertragung der Texte ist in den meisten Fällen keine wörtliche Übersetzung, sondern versucht höchstens einen ähnlichen Inhalt – wenn überhaupt – wiederzugeben, wie die Gegenüberstellung von „Komm sag es allen weiter" und „Go tell it on the mountain" in der nächsten Abbildung zeigt.

2
Wir haben sein Versprechen: Er nimmt sich für uns Zeit,
wird selbst das Brot uns brechen. Kommt, alles ist bereit.
3
Zu jedem will er kommen, der Herr, in Brot und Wein.
Und wer ihn aufgenommen, wird selber Bote sein.
4
Herr, deinen Ruf verachten, das wäre unser Tod.
Drum hilf, daß wir beachten dein großes Angebot.

2
When I was a sinner, I prayed both night and day,
I asked the Lord to help me, and he showed me the way.
3
He made me a watchman upon the city wall;
and if I am a Christian, I am the least of all.

Abb. 9: Komm, sag es allen weiter (aus: Songbuch 1, KJG-Verlag Düsseldorf 1991, S. 56)

Eine wörtliche Übersetzung wäre in etwa:

Geh, erzähl es in den Bergen, jenseits der Hügeln und überall,
Geh, erzähl es in den Bergen, das Jesus Christus geboren wurde.
  1. Als ich ein Suchender war, suchte ich Tag und Nacht,
     Ich bat meinen Herrn mir zu helfen und er zeigte mir den Weg.
  2. Als ich ein Sünder war, betete ich Tag und Nacht,
     Ich bat meinen Herrn mir zu helfen und er zeigte mir den Weg.
  3. Er machte aus mir einen Wachtmann, auf den Mauern der Stadt,
     und wenn ich erst ein Christ bin, bin ich der Geringste von allen.

Hieran lässt sich deutlich erkennen, wie mit den amerikanischen Gospels und Spirituals in Deutschland umgegangen wurde. Wichtig erschienen neue Musik und neue Melodien, denn Texte konnte man ja selbst schreiben. Berechtigte Kritik blieb dann auch nicht lange aus: „Die Gospels galten als, auf einer uns fremden Erde unter ganz bestimmten Vorraussetzungen, auf natürliche Weise gewachsen, die der hiesigen Situation nicht ähnlich genug war." (Eckert 38/1963) Und Peter Hahnen schreibt, bezugnehmend auf L. Zenetti: „Ungeschickte Dixieland-Begleitung tat hierzulande das ihre dazu, die Lieder doch noch auf Schlagerniveau abzusenken, so dass schließlich weder Ausführende, noch Lieder, noch gottesdienstliche Versammlungen zueinander passten." (Hahnen 1998, S. 239)

Dem Anspruch, die gottesdienstlichen und religiösen Lieder müssten aus der Gemeinde heraus kommen, wie dies bei der Entstehung der Gospels der Fall war (Kap. 2.3.2), wurden die deutschen Übertragungen und Adaptionen von afroamerikanischen Melodien nicht gerecht. Es wurde Musik nachgeahmt und versucht etwas „einzudeutschen", was im Original eine ganz andere Aussage hatte. Wenn Gospel, dann das Original, denn „gerade Spirituals sind [nach H.J.Klimkeit] textorientierte Lieder." (Ebenda, S. 291)

Heute hat sich die Situation wesentlich geändert. Gospels mit deutschen Texten sind weit verbreitet und selbst das Evangelische Gesangbuch (EG) von 1994 hat zwei Spirituals mit deutschem Text aufgenommen. (Nr. 225 „Komm, sag es allen weiter" und Nr.499 „Erd und Himmel sollen singen").

Aus der Diskrepanz zwischen dem Wunsch nach neuen Liedern und der problematischen Adaption von Gospel-Gesängen, kam es zu den Preisausschreiben der evangelischen Akademie Tutzing.

4.2.2 Die Tutzinger Preisausschreiben

Die Akademie Tutzing veranstaltete 1960 einen ersten Wettbewerb in Deutschland, zu dem die Teilnehmer neue religiöse Lieder einsenden sollten, die „dem, auch von Jazz und Unterhaltungsmusik geprägten musikalischen Resonanzvermögen der Jugend entsprechen." (Hegele in: Juhre 1976, S. 25) Die Einsendungen sollten explizit keine „gottesdienstlichen" Lieder sein.

600 Künstler bewarben sich mit über 2.000 Liedern und Texten. Die Jury, bestehend aus Kirchenmusikern, Künstler und Geistlichen, vergaben den Sieg an Martin Gotthard Schneider, mit seinem Lied „Danke" (siehe Anhang: Nr. 11).

Platz zwei ging an Hans-Ludwig Hirsch und Herbert Schade mit „Einmal verlor ich den Weg" (auch: „Verlorener Weg").

Diese Lieder wurden auf einer Schallplatte veröffentlicht und erreichten somit einen großen Bekanntheitsgrad.

„Besonders das Lied „Danke" entwickelte sich zu einem Schlager mit über einer halben Million verkauften Schallplatten und wurde in 18 andere Sprachen übersetzt." (Dalferth 2000, S. 168)

Selbst heute, über 40 Jahre später, hat das Lied nichts an Beliebtheit verloren und wird gerne in Gottesdiensten! gesungen, wie Notenbücher und Besuche in verschiedenen Gemeinden zeigen. Allerdings war das Lied anfangs ausdrücklich nicht für den Gottesdienst gedacht, und es wird deutlich, wie stückweise die „neue Musik" – egal ob Gospel oder die Lieder von Tutzing – in den Kirchen akzeptiert wurden. Doch bis dahin war es ein langer Weg.

Aufgrund der positiven Resonanz des ersten Preisausschreibens, wurde im Jahr 1963 ein weiteres ins Leben gerufen, bei dem das Lied „Weil Du ja zu mir sagst" von Oskar Gottlieb Blarr und Christine Heuser gewann (siehe Anhang: Nr. 12), und „Ein Schiff, das sich Gemeinde nennt" von M. G. Schneider auf Platz zwei kam (siehe Anhang: Nr. 13).

Und schließlich wurde 1964 ein drittes Tutzinger Preisausschreiben durchgeführt, bei dem erstmals auch Preise für die beste Neutextung einer Spiritualmelodie vergeben wurden. Interessanterweise bekam Friedrich Walz mit „Komm, sag es allen weiter", den 2. Platz. Platz eins belegte „Hört, wen Jesus glücklich preist" unter der Rubrik „Neue Spiritual-Texte" und „Ich möchte, dass einer mit mir geht" (u.a.) von G. Lintzmeyer als religiöses Lied.

Trotz des Erfolges der drei Preisausschreiben, wurden keine weiteren veranstaltet. Hegele beschreibt dafür den Grund: „Um diese Zeit [1965] schien es dem, mit dem Tutzinger Preisausschreiben befassten Kreis, als sei die Möglichkeit, Absicht und Aufgabe der Evangelischen Akademie, nämlich Anregung und Anstoß zu geben, erfüllt. Wir erwarteten eine an der Praxis orientierte Weiterentwicklung." (Hegele in: A. Juhre 1976, S. 25)

Diese Erwartung war nicht unberechtigt, denn mit den Preisausschreiben, wurde etwas ins Rollen gebracht, was nicht mehr aufzuhalten war. Sie werden von vielen Musikern, als die Geburtsstunde des Neuen Geistlichen Liedes gesehen, und die oft erwähnte Jahreszahl 1960 im Rahmen der Entstehungsgeschichte von dem NGL (vgl. Deckert 1999 u.a.), bezieht sich auf das erste Preisausschreiben von Tutzing.

4.2.3 Jazzgottesdienste

Die o.g. Preisausschreiben waren jedoch nicht die einzige Initiative, die Kirchenmusik zu ändern und moderner zu gestalten. Parallel dazu gründeten die Niederländer Huub Oosterhuis und Bernard Huijbers in Amsterdam 1960 die „Werkgroep voor Volkstalliturgie", mit der sie eine eigene Adventsliturgie schrieben, die rhythmisch gesehen, Elemente der Popularmusik verwendete (z.B. Synkopen), aber noch sehr vorsichtig damit umging. 1961 folgte von dem gleichen Arbeitskreis eine Fastenliturgie und Pfingstliturgie. (Vgl. Deckert et al, in: Musica Sacra Heft 2/1992, S. 111). Im katholischen Gesangbuch „Gotteslob" sind unter Nr. 298 und 300 Texte von Oosterhuis vertont.

Ebenfalls um etwa die gleiche Zeit (1961) begannen die ersten Versuche, evangelische Jugendgottesdienste mit Elementen aus dem Jazz zu bereichern. Federführend war hier Dieter Trautwein in Limburg/Lahn, aber erste sogenannte „Jazzgottesdienste" fanden auch in Ottweiler/Saar, Lahr in Baden und in der Paulusgemeinde in Hamburg-Harburg statt. (Vgl. Zenetti 1966, S. 146)

„Kurt Rommels Gottesdienste in Cannstatt mit Jazzmusik in Kinosälen, brachten bis zu 2000 Leute auf die Beine. Und in Münster wurde 1963 eine Messe mit Jazzelementen aufgeführt, die der Dozent Peter Janssens geschrieben hatte." (Dalferth 2000, S. 171)

Viele weitere Jazzgottesdienste dieser Zeit könnten hier genannt werden, aber die Tendenz ist klar zu erkennen: Die Kirchenmusik wurde mehr und mehr von der Popularmusik beeinflusst.

1963 weckte die Veranstaltung „Choräle, Songs und neue Lieder" Interesse bei 16.000 Kirchentagsbesuchern in Dortmund. Die Beliebtheit wuchs und neue Lieder wurden auch in der eigenen Gemeinde eingeführt, soweit das von den örtlichen Priestern toleriert wurde.

Wie schon öfter erwähnt, spielten die Medien für die Kirchenmusikentwicklung eine tragende Rolle. Besonders gewannen die Jazzgottesdienste an Verbreitung, als 1965 das ams-Studio des Verlags Schwann die beiden ersten Jazzmessen auf Schallplatte aufnahm. (Zenetti 1967, S. 203)

Ende der 60er Jahre/Anfang der 70er Jahre verebbte die Jazzwelle zugunsten des aufkommenden Sacro-Pop, bzw. der Dominanz der Rockmusik in den Liedern des NGL.

4.3 Peter Janssens verkörpert SacroPop

Seit etwa 1965 war es beliebt geworden, christliche Folklore-Lieder zu schreiben. Das erinnert etwas an die Adaption von Gospels in die deutsche Sprache, denn auch bei den Folklore-Liedern wurde eine, für Deutschland „neuartige Melodie", entnommen aus Volksmusiken fremder Länder (insbesondere Israel oder Lateinamerika), mit einem christlichen, deutschen Text versehen und als Neues Geistliches Lied tituliert. („Ihr Mächtigen" (Israel); „Wir bringen Frieden für alle" (Israel); „Unfriede herrscht auf der Erde" (Polen); „Vater im Himmel" (nach: Guantanamera von H. Angulo (Südamerika)). Das neue EG (1994) listet im Anhang 81 Lieder und Melodien von Liedern auf, die aus den Kulturen von 25 verschiedenen Ländern stammen, darunter auch Exoten wie Tansania (EG Nr.116), Zimbabwe (EG Nr. 181,5), Korea (EG Nr. 565) und Indien (EG Nr. 626). (Die Lieder sind aber nicht alle dem NGL zuzurechnen.)

Der kompositorische Anspruch war bei diesen Liedern gering, denn die Melodien mussten nur transferiert werden. Diese Musikadaption konnte nicht die Zukunft des Neuen Geistlichen Liedes in Deutschland sein.

„Als hierzulande der Suche nach neuen und ansprechenden Ausdrucksformen wenig mehr als importierte Spirituals einerseits, und in ihrer liturgischen Eignung zweifelhafte (weil schlagerartige/kommerzielle) Neuschöpfungen andererseits angeboten wurden, tat sich ein dritter Weg auf: Als einer der herausragenden Komponisten und Interpreten hat hierbei Peter Janssens zu gelten, dessen Schaffen manchen zeitweise gar zum Synonym für Neues Geistlichen Lied geworden ist." (Deckert et al, in: Musica Sacra, Heft 4/1991, S. 294)

Janssens wurde am 17. Juni 1934 in Telgte/Westfalen geboren, studierte Musikwissenschaften, Soziologie und Geschichte in Köln und sorgte schon 1963 mit seiner Jazzmesse (siehe Kap. 4.2.3) für Schlagzeilen. „Was J. S. Bach für die Fuge ist, ist Janssens für das NGL" könnte man sagen.

Durch verschiedene Aufenthalte in Südamerika, für das Goethe-Institut, lernte Janssens 1964 den Texter Ernesto Cardenal kennen. Diese Freundschaft setzte Schwerpunkte in den Janssens-Vertonungen der 60er Jahre (u.a. Psalmvertonungen 1966). Er verabschiedete sich schnell vom Jazz und dem anfänglichen

Nachahmen von Gospels, und entwickelte seinen eigenen Musikstil, den sogenannten „Sacro-Pop". (Vgl. www.peter-janssens.de)

Janssens, der viele Impulse für die Entwicklung des NGL setzte (siehe folgende Kapitel) starb am 24.Dezember 1998 in Münster.

4.3.1 Was ist Sacropop?

Sacropop wird heute als Synonym für das NGL verwendet (siehe Einleitung, Kap. 1), weil der Begriff einfach moderner, kürzer und „peppiger" klingt, obwohl er nur einen Teilbereich des Neuen Geistlichen Liedes abdeckt.

Dieser Teilbereich kann aber als der „Mainstream" des NGL bezeichnet werden, denn alle anderen Unterarten werden eigens benannt. (Taizé-Lieder, Lobpreis etc.; siehe Kap. 5)

Wie schon erwähnt geht der Begriff „Sacro-Pop" auf das Umfeld von Peter Janssens zurück:

In einem Gespräch mit Peter Hahnen (26.03.1996, Hahnen 1998, S. 422ff) erinnert sich Janssens, dass ein Mitarbeiter des Goethe-Instituts den Begriff anlässlich eines Gastspiels in Kolumbien 1971 zum ersten Mal verwendet hat. „Sacro, so meinte er [der Mitarbeiter], steht für „heilig" und Pop steht für „musica popular". Pop in diesem Sinne war damals schon bei den Latinos ein Begriff. Ich denke der Mitarbeiter war der Urheber dieses Begriffs. (...) Es war halt ein Name, der aus der etwas wurschtigen Art des lateinamerikanischen Musikbetriebs gewachsen war. Eine „heilige" oder „geheiligte" Musik für das Volk zu machen, ist ja nichts Schlechtes." (Janssens am 26.03.1996)

In Deutschland wurde der Begriff erstmals 1972 bei dem Musical „Menschensohn" von Janssens und Karl Lenfers verwendet (Untertitel: „Ein Sacro-Pop-Musical") und erlangte durch die Publizierung auf Tonträgern große Bekanntheit.

Seitdem taucht der Begriff immer wieder auf, obwohl Janssens selbst, schon bald auf die Verwendung verzichtete und sich der Beatmusik zuwandte.

Hahnens Aussage „Der Begriff „Sacro-Pop" ist also als Übergansterminus aus der Geschichte des NGL zu begreifen" (Hahnen 1998, S. 228) kann so nicht stehen bleiben, denn gerade in der Musikszene selbst wird er häufig auch als Werbetitel verwendet. In Viernheim gibt es z.B. an der Albertus-Magnus-Schule einen Workshop „Sacro-Pop", viele Autoren verwenden das Wort (Esser, Gisela: „Sacropop – im Gottesdienst und Unterricht", 1994; Baltruweit, Fritz: „Sacropop in der Sackgasse?", 1982; Marti, Andreas: „Madonna trifft Joh. Seb. Bach – Sacropop und Kirchenmusik im Widerstreit", 1991; Schulze-Berndt, Herrmann: „Sacro-Pop und Gospel-Rock: Singe, wem Gesang gegeben", 1984) und Peter Deckert schreibt im Untertitel zu seiner „Literatur zum Neuen Geistlichen Lied": Bücher – Zeitschriften – Examensarbeiten zum Thema „NGL – Sacro-Pop – Religiöse Popularmusik" (alle genannten Literaturangaben in: Deckert 2001).

4.3.2 Die KJG-Tage 1972 – ein Meilenstein in der Geschichte

Kein Projekt hat das Neue Geistliche Lied mehr geprägt, als das KJG-Projekt zu dem Bundestreffen der KJG vom 19. bis 22. Mai 1972 in Fulda.

"KJG" steht für "Katholische Junge Gemeinde" und ist ein Jugendverband im Dachverband "BDKJ" (Bund Deutscher Katholischer Jugend).

Seit der Gründung im Jahre 1969 steht die KJG für progressive Meinungen und Aktionen in der Katholischen Kirche (z.B. musste 1987 das sogenannte "Frauenpapier" auf der Bundeskonferenz in Fulda wegen Auseinandersetzung mit Bischof Dyba ohne Beschlussfassung zurückgezogen werden). (Vgl. www.kjg.org)

Und schon früh fand das Neue Geistliche Lied in der KJG ein geeignetes Forum, um praktiziert zu werden, und der verbandseigene Verlag (1996 aufgelöst) publizierte viele NGL-Songbücher. „1983 wurde das (zweite) Rote Songbuch von den Deutschen Bischöfen scharf kritisiert. Die Auseinandersetzungen darum wurden zum Existenzkampf der KJG als katholischem Kinder- und Jugendverband in der deutschen Kirche." (Vgl. www.kjg.org)

Augrund dieser Offenheit gegenüber Neuem, wollten die Verantwortlichen eine zeitgemäßere liturgische Gestaltung für das KJG-Treffen 1972.

Nach ersten guten Erfahrungen mit Peter Janssens 1970, verpflichtete man denselben für die Komposition von mehreren Liedern, für zwei Gottesdienste auf dem Bundestreffen.

Mit der textlichen Arbeit wurde eine „Gottesdienst-Kommission" betraut, aus der Alois Albrecht hervorzuheben ist, der sich letztendlich für alle Texte verantwortlich zeigte.

Die Texte entstanden also aus einem religiösen Arbeitskreis, und somit aus der Kirche selbst heraus. (Kritik setzt immer wieder daran an, die „neuen" Lieder wären kirchenfremdes Material).

Als Gesamtergebnis entstanden elf neue Lieder, die sich als Standartliedgut für das NGL erweisen sollten:

- *Wir haben einen Traum*
- *Die Sache Jesu braucht Begeisterte*
- *Was wir bieten, sind wir selbst*
- *Andere Lieder wollen wir singen*
- *Jesus der Menschensohn*
- *Unser Leben sei ein Fest*
- *Heilig, Heilig, Heilig*
- *Vater unser*
- *Der Tod ist ein Chamäleon*
- *Erinnern wir uns*
- *Dein Friede kommt nicht durch Gewalt*

Noch heute findet man in vielen Liederbüchern einige dieser Kompositionen. Der Song „Die Sache Jesu" ist nach wie vor ein „Dauerbrenner" in den Gemeinden, und Lieder wie „Unser Leben sei ein Fest", „Heilig, Heilig, Heilig" und das „Vater Unser" wurden mittlerweile in das neue EG von 1994 und in den Anhang zum „Gotteslob" 1997 aufgenommen.

Die Gottesdienste selbst sorgten 1972 für großes Aufsehen und lösten in der Öffentlichkeit viel Kritik aus. „Da wurde dann gesagt: Der Albrecht überschreitet sämtliche Grenzen. Und ich habe Prügel bezogen, die nicht von Pappe waren" (Interview mit A. Albrecht, 25.10.1995 in: Hahnen 1998)

Die KJG-Bundesleitung veröffentlichte im Juli des gleichen Jahres extra ein Manuskript des Eröffnungsgottesdienstes der KJG-Tage, um Missverständnisse über den Inhalt der Liedbotschaft auszuräumen und „allen gesprächsbereiten Partnern den Gottesdienst näher zu erläutern." (KJG-Typoskript 1972)

Trotz der heftigen Kritik wurden Schallplatten mit den Liedern veröffentlicht, und der Janssens-Musikverlag druckte die Noten dazu. Schlagartig verbreiteten sich die Lieder als „Material zur Anwendung" für die eigenen Gemeindegottesdienste, wobei „die Anwendbarkeit mitunter auf Kosten musikalischer Qualität ging." (Hahnen 1998, S. 256)

Aber eines ist nach Alois Albrecht ganz sicher: „Wenn Lieder gut sind leben sie weiter" und das ist bei den o.g. Kompositionen der Fall.

Es gibt (m.W.) kein Neues Geistliches Liedbuch, indem nicht wenigstens eines der elf Stücke abgedruckt wäre. (Zu Liederbuch-Angaben siehe Literaturverzeichnis)

Es lässt sich also mit gutem Gewissen sagen, die KJG-Tage waren ein Meilenstein in der Geschichte des NGL.

4.3.3 Janssens prägt die 70er Jahre

Ausgehend von den KJG-Tagen erlangte Janssens mit seinen Liedern immer größere Bekanntheit und Bedeutung und wurde zu den wichtigsten Komponisten für das NGL. Neben vielen Kompositionen für Gottesdienste, entstanden in den 70er Jahren große Musicals und Singspiele.

1972 schuf er das erste geistliche Musikspiel „Menschensohn" (wodurch der Begriff „Sacropop" geprägt wurde; siehe Kap. 4.3.1), 1974 „Ave Maria" mit Texten von Wilhelm Willms, 1977 „Franz von Assisi", das das Leben des Heiligen schildert – ebenfalls in Zusammenarbeit mit Willms –, 1979 die Bauernoper und schließlich, schon in den 80er Jahren (1982), das seitdem sehr oft aufgeführte Musical „Elisabeth von Thüringen". (Vgl. www.peter-janssens.de)

Wie wichtig Janssens Schaffen für die geistliche Musikszene war (und ist), kann anhand der Lieder eines Notenbuches verdeutlicht werden: Das Songbuch „Melodien die unsere Worte beflügeln", 1981 erstmalig im BDKJ Mainz erschienen, enthält 157 Lieder. Von diesen 157 Songs stammen 63 aus der Feder von Peter Janssens. Das sind über 40% des Notenmaterials in diesem Buch.

Vielleicht hätte das Neue Geistliche Lied nicht so schnell Erfolg gehabt, wäre jener Peter Janssens nicht gewesen.

4.4 Konsolidierung des NGL und Komponisten dieser Zeit

Nachdem die Kirchenmusik in Deutschland in eine Phase der Umstrukturierung und Erneuerung geraten war, konnte dieser Prozess nicht mehr aufgehalten werden und verselbstständigte sich, angekurbelt durch die Tutzinger Preisausschreiben und Peter Janssens.

Ende der 70er Jahre gab es nicht nur „deutsche Gospels", folkloristische Neue Geistliche Lieder oder Janssens-Songs, sondern immer mehr Komponisten, die sich ausschließlich dieser Musikrichtung verpflichteten, komponierten oder texteten Neue Geistliche Lieder.

Viele davon hatten nur „Erfolg" – soweit der bei nichtkommerzieller Kirchenmusik nachweisbar ist – mit ein oder zwei Liedern, während andere „Liedermacher" (so der oft verwendete Ausdruck), Hunderte von Songs schrieben und deren Namen immer wieder auftauchen.

Zu diesen gehören:

a) Reinhard Horn (*1955), schreibt seit Anfang der 80er Jahre Lieder für Schule (er selbst ist Musiklehrer), Kindergarten und Gottesdienste und publiziert seine Arbeiten nach wie vor im Kontakte-Musikverlag, Lippstadt. Zu seinen Werken gehören Lieder wie: „Land der Verschwendung" (1984), „Dein Friede Herr wird kommen" (1984), „Wenn der Sabbat kommt" (1987) (Quelle: Telefonat mit Frau Hoppe, Kontakte-Verlag, Lippstadt, 24.09.2001)

b) Fritz Baltruweit (*1955) ist evangelischer Theologe und Musikwissenschaftler. Mit seiner 1976 gegründeten „Studiogruppe Baltruweit" schrieb er über 550 Lieder für den gottesdienstlichen oder konzertanten Gebrauch. Sein Lied „Gott gab uns Atem" (1982) fand Eingang in den Anhang zum Gotteslob (1997). (Vgl. Gespräch mit F. Baltruweit in: Hahnen 1998, S. 368)

c) Ludgar Edelkötter (*1940), studierte Musikpädagogik und Orchestermusik in Dortmund, ist primär in der religiösen Kindermusik tätig (siehe Kap. 5.1). Mit seinen über 65 CD´s und weit über 1000 Liedern, die im Impulse-Verlag erschienen, gilt Edelkötter, als einer der erfolgreichsten Kinderliedermacher im deutschsprachigen Raum. Er sagt über sich selbst: „Die Welt des Kindes ist mein Arbeitsfeld, und ohne Kinder könnte ich meinen Beruf nicht ausüben. Ich lerne, lache und arbeite mit ihnen." (aus: Brief an W. Dalferth, 11.09.1995 in Dalferth 2000, S. 236)

Bekannte Lieder, die zum festen Liedgut des NGL gehören, sind: „Alle Knospen springen auf" (1989) und der Kanon „Herr gib uns deinen Frieden".

d) Gregor Linßen (*1966) macht seit der Veröffentlichung seiner CD „Lied der Stille" (1989) von sich reden und wirkt seitdem stark auf das NGL ein. Gleich zwei seiner Lieder wurden in den Anhang zum Gotteslob aufgenommen: „Herr Du bist die Hoffnung" (1990) und „Herr in deine Hände" (1991). Zu aktuellen Kompositionen gehören das NGL-Oratorium „Die Spur von morgen" (1998) und die CD „Vermächtnis eines Freundes" (1996). (Quelle: www.uni-duisburg.de/Institute)

e) Eugen Eckart (*1954) ist evangelischer Pfarrer und Dozent an der Hochschule für Musik in Frankfurt. Seine Name ist eng verbunden mit der (Sacro-Pop)-Band „Habakuk", die es seit 1975 gibt und deren Gründer er (u.a.) ist. Seine hervorragenden Texte wurden von vielen Komponisten zur Schaffung neuer Lieder genutzt und finden seit über 20 Jahren positive Resonanz in der religiösen Musikszene.

Die 11 CD´s der Band Habakuk sind qualitativ den kommerziellen Tonträgern der Musikindustrie sehr nahe, und können als Paradebeispiel aktueller Musik im NGL gelten. (Neueste CD: „Es ist Sommer" (2000))

Zu seinen bekanntesten Liedern gehören: „Ein neuer Himmel" (1989), „Eingeladen zum Fest des Glaubens" (1991), „Meine engen Grenzen" (1981)

(Quelle: Telefonat mit E. Eckert, 24.09.2001)

f) Winfried Heurich (*1940) war von 1974 bis 2000 Geschäftsführer des Arbeitskreises „Kirchenmusik und Jugendseelsorge im Bistum Limburg" in Frankfurt, und trug seit etwa 1980 intensiv zur Vermehrung und Verbreitung des NGL bei. Zahlreiche eigene Kompositionen fanden großen Anklang in Gemeinden und erschienen in Liederbüchern wie „Vom Leben singen" (Strube-Verlag 1994) oder „Lebensweise" (ebenda, 2000). Sein Lied „Meine engen Grenzen" (Text: E.Eckert) steht sowohl im Evangelischen Gesangbuch (Nr. 584) als auch im Anhang zum Gotteslob (Nr. 024). (Quelle: www.neuesgeistlicheslied.de)

g) Clemens Bittlinger (*1959) ist evangelischer Theologe, Pfarrer und Liedermacher. Seit Anfang der 80er Jahre wirkt er auf das NGL ein und veröffentlichte seitdem mehrere religiöse CD´s. Sein neuestes Werk ist „hellhörig" (2001), das zum Frankfurter Kirchentag erschien und auch gesellschaftskritische Songs enthält. Große Stilvielfalt zeichnet Bittlingers Lieder (z.B. „Aufsteh'n, aufeinander zugehen" oder „Auf dem Weg der

Gerechtigkeit") aus: von Tango über Swing und Pop bis zum Rap ist jeder Stil vertreten. (Quelle: Info-Broschüre des Sanna-Musikverlages; www.bittlinger-mkv.de)

h) Die Komponisten und Texter Thomas Laubach (*1964), Thomas Quast (*1962), Hans-Jürgen Netz (*1954) und Christoph Lehmann (*1947) sind alle für den Düsseldorfer tdv-Verlag tätig und publizieren über ihn seit Ende der 70er Jahre sehr viel Material an Neuen Geistlichen Liedern bis zum heutigen Tag (außer Lehmann).

Laubach und Quast sind Mitglieder der Sacro-Pop-Band „Ruhama", die seit 1983 besteht . (Neueste CD „Eine Welt", 2000)

Ihre Lieder haben teilweise einen nicht mehr wegzudenkenden Platz im NGL eingenommen. Dazu gehören: „Ich lobe meinen Gott der aus der Tiefe mich holt" (1979 Netz/Lehmann), „Da berühren sich Himmel und Erde" (1989 Laubach/ Lehmann), „Brot und Wein der Welt" (1991 Laubach/Quast), „Ihr seid der Hoffnung Gesicht" (1992 Laubach/Quast) und „Nicht schweigen" (2000, Laubach)

(Quelle: Telefonat mit Hr. Broich, Leiter des tdv-Verlages, 24.09.2001 und www.ruhama.de)

i) Weiterhin war Peter Janssens bis zu seinem Tod (1998) für das NGL tätig. Er schrieb nun hauptsächlich NGL-Musicals, aus denen einige Lieder für den Gottesdienstgebrauch übernommen wurden. 1990 „Ehrfurcht vor dem Leben", 1991 „Passion der Eingeborenen", 1995 „Dietrich Bonhoeffer" und 1997 „Hildegard von Bingen". (Vgl. www.peter-janssens.de)

Die große musikalische Schaffensperiode der 70er und 80er Jahre ebbte zu Ende des 20. Jahrhunderts ab. Ein gewisses „Standart-Liedgut" hat sich herausgebildet und in den Gemeinden festgesetzt. Der Bedarf an weiteren Liedern scheint erst einmal gedeckt zu sein und Neuschaffungen von „Neuen Geistlichen Liedern" entstehen derzeit nur in einigen „Zellen" (dazu gehören die oben erwähnten Bands „Habakuk" und „Ruhama", Winfried Heurich, Gregor Linßen und Clemens Bittlinger) aber die Blütezeit des NGL hat ihren Zenit überschritten. Eugen Eckert bestätigte, dass derzeit eine Stagnation im NGL festzustellen ist, und der bis vor Kurzem, rein auf „Neues Geistliches Lied" ausgerichtete tdv-Verlag, musste sich nun auch zwangsweise „weltlichen" Liedern öffnen, da der Bedarf nach NGL nachlässt. Hr. Broich vom tdv-Verlag äußerte sich dazu: „Die große NGL-Bewegung der 70er und 80er Jahre ist vorbei. Was jetzt kommt, träufelt nur noch so hinterher, denn wer braucht schon jeden Sonntag ein neues Lied." (zitiert nach Telefonat vom 24.09.2001)

Vgl. hierzu auch Kapitel 11: „Zukunft des NGL".

4.5 Verlage und Plattenfirmen

Einige Verlage, die christliche Musik publizieren sind hier schon erwähnt worden (Janssens-Musikverlag, Kontakte-Verlag, tdv-Verlag, Impulse-Verlag), und es ist auffällig, dass die Verlagsgründungen fast immer auf einen Komponisten des NGL zurückgehen, der einen eigenen Verlag gründet, um seine Musik – insbesondere als Notentext – der Öffentlichkeit zugänglich zu machen. Dadurch unterscheiden sich Neue Geistliche Lieder von Liedern aus der Popularmusik: Das Notenmaterial ist beim NGL von großer Bedeutung, da die Lieder zum Nachsingen und Nachspielen gedacht sind und nicht nur zum Konsumieren.

Werden die geistlichen Lieder dennoch auf Tonträgern veröffentlicht, sind diese als Arbeitsgrundlage zu sehen, um Ideen zu sammeln, wie das NGL in der eigenen Band oder Gemeinde instrumentiert und dargebracht werden kann. Die Tonträger erheben aber nicht den Anspruch, mit der Aufnahmequalität von Popularmusik gleichwertig zu sein. „In Hitparaden oder Diskotheken wird sich die Rock- und Popmusik des Neuen Geistlichen Liedes keine Chancen ausrechnen können und das auch nicht wollen." (Bubmann 1993, S. 51)

Anfänglich wurden in der Entwicklungsgeschichte des NGL, Verlage als Tochtergesellschaften von großen Plattenfirmen gegründet, die aber nur umsatz- und gewinnorientiert waren. „Nachdem Schallplatten mit neuer christlicher Musik, aufgrund des „Danke"-Erfolges (s. Kap. 4.2.2) auf öffentliches Interesse gestoßen waren, erklärten sich einige Verlage zur Produktion von christlichern Tonträgern bereit. Doch die Tonträger erreichten nicht die nötige Auflagenstärke, um für ein anhaltendes Interesse der Schallplattenindustrie zu sorgen. Dies lag mitunter daran, dass in kirchlichen Kreisen die Diskussion um die Qualitätskriterien zum NGL, um Jazzgottesdienste usw. eingesetzt hatte. Die damit einhergehende Verunsicherung behinderte die Produktion und viele säkulare Verlage zogen ihr Engagement zurück." (Dalferth 2000, S. 222)

Aus der entstandenen Not heraus, religiöse Lieder trotzdem auf Tonträgern und als Noten zur Verfügung zu stellen, wurden kleine Verlage, speziell für die christliche Musik gegründet.

Einer der ersten war hier wiederum Peter Janssens 1968 mit dem Janssens-Musikverlag in Telgte. Über ihn wurden und werden bis heute alle Lieder des Komponisten vertrieben.

Ludgar Edelkötter vertreibt seine Werke über den, 1976 gegründeten Impulse-Verlag (s.o.) und Detlev Jöcker – ein Komponist für religiöse Kindermusik – rief 1986 den Menschenskinder-Verlag ins Leben.

Interessant ist, dass der Konzern Sony, den Menschenskinder-Verlag 1996 übernahm und damit versuchte in (religiöser) Kindermusik Fuß zu fassen. Seitdem ist Jöckers Musik allerdings nicht mehr besonders christlich angehaucht, wie die Titel „Si-, Sa-, Singemaus", „Kleiner Eisbär, kennst Du den Weg?" und „Der Regenbogenfisch" vermuten lassen. Immerhin konnte Jöcker 1998 auf 4,5 Millionen verkaufte Tonträger und 2,5 Millionen Lieder- und Spielebücher zurückblicken. (Vgl. ebd., S. 238)

Neben dem Abakus-Verlag von Siegfried Fietz („Von guten Mächten wunderbar geborgen"), 1974 gegründet, ließen sich noch viele andere Verlagsgründungen aufzählen. Aber deutlich wurde, dass die Verlage in unmittelbarem Bezug zu dem, oder den Künstlern stehen, die Neues Geistliches Lied schreiben, und aus der Praxis gewachsen sind. Das Schicksal dieser Verlage hängt an dem Bedarf und der Nachfrage nach religiösen Liedern und ein Verkauf oder eine Schließung ist manchmal unumgänglich.

4.6 Festivals und Massenveranstaltungen

Aufgrund des „NGL-Booms" in den 80er Jahren wollten viele Bands und Musiker mit den Neuen Geistlichen Liedern auch außerhalb von Gottesdiensten auftreten. Eine Plattform boten und bieten immer wieder große kirchliche Veranstaltungen, wie Katholikentage oder Evangelische Kirchentage. „Habakuk" spielen z.B. seit „Berlin 1987" auf jedem Kirchentag, und seit „Mainz 1998" auch auf Katholikentagen. „Ruhama" waren bei den Katholikentagen 1992 in Karlsruhe, 1994 in Dresden, 1998 in Mainz und 2000 in Hamburg mit im Programm.

An solch medienwirksamen Großveranstaltungen kann natürlich nicht jede Sacro-Pop-Band teilnehmen, denn ein gewisses musikalisches Niveau sollte schon erreicht sein, und deshalb wurden in den 80er- und 90er Jahren verschiedene Sacro-Pop-Festivals ins Leben gerufen, die gezielt eher unerfahrene Bands ansprachen und im Rahmen eines ganzen Wochenendes auch Workshops und

Diskussionsrunden zum Thema „Neues Geistliches Lied" anboten. Es wurde die Möglichkeit geboten, sich mit anderen Bands auszutauschen, neue Lieder kennen zu lernen und mit neuen Impulsen zurück in die eigene Gemeinde zu gehen.

Ziel war es nicht, möglichst gut zu sein, sondern die Erfahrung und die Präsentationsmöglichkeit für die Künstler zählten.

Das Kloster Jakobsberg bei Bingen war schon öfter Austragungsort solcher Festivals und hatte eine gute Resonanz: Etwa 8 bis 12 Bands, Chöre oder Solokünstler zelteten drei Tage auf dem Berg und besuchten Arbeitskreise zu verschiedenen Schwerpunkten, die von Kirchenmusikern (aus dem Institut für Kirchenmusik, Mainz) oder Komponisten geleitet wurden. Den Abschluss bildete ein Konzerttag, bei dem die einzelnen Bands und Chöre auftraten, und der für die Öffentlichkeit frei zugänglich war.

Ähnliche Festivals gab es in den 90er Jahren in Amöneburg (Mittelhessen).

Als größtes christliches Musikfestival gilt das internationale Flevo-Festival in den Niederlanden, das alljährlich am dritten Wochenende im August in Eidhoven (bis 1994 am Ijsselmeer) stattfindet. Der deutsche Koordinator Mike Schnepel umschreibt das Ziel des Flevo-Festivals als „Vorfeldarbeit für christliche Gemeinden aller Art, um erste Kontakte mit dem Glauben an Jesus Christus machen zu können". (zitiert nach Dalferth 2000, S. 297) Es ist ein Fest für Christen, veranstaltet von Christen und kann Besucherzahlen von etwa 10.000 Personen vorweisen. Allerdings sind die dort spielenden Bands eher aus dem angloamerikanischen Raum.

Darüber hinaus werden regionale Sacro-Pop-Konzerte verschiedener Bands veranstaltet, die meist in Eigenregie durchgeführt werden und das Ziel haben, Menschen mit dem NGL vertraut zu machen und musikalisch ihren Glauben weiter zu geben.

So wird das Neue Geistliche Lied auch außerhalb von Gottesdiensten lebendig gehalten und einer Bevölkerung zugänglich gemacht, die es sonst vielleicht nicht zu Gehör bekäme.

5. Subkulturen im Neuen Geistlichen Lied

Jeder Musikstil bringt irgendwann verschieden Unterarten oder Subkulturen hervor, wie schon in Kapitel 2.10.3 anhand des Rock ersichtlich wurde. Diese Subkulturen sind meist eine stilistische Abwandlung oder Weiterentwicklung der ursprünglichen Musikart.

Im NGL gibt es durchaus auch einige Abwandlungen, die aber, stilistisch gesehen, nicht immer einen Bezug zum Neuen Geistlichen Lied erkennen lassen, sondern eher darunter zusammengefasst werden, weil die Botschaft und die Zielgruppe der Musik, dem NGL gleich oder ähnlich ist.

Lassen sich die geistlichen Kinderlieder und Sacro-Rap noch in die Entwicklungsgeschichte des NGL integrieren, so haben Lobpreis- und Taizélieder einen ganz anderen Ursprung. Trotzdem wollen alle Formen Gott loben, Gebet sein, den Glauben zum Ausdruck bringen und die christliche Zielgruppe zum Mitsingen animieren.

In diesem Kapitel sollen verschiedene Musikrichtungen angesprochen werden, die – leider undifferenziert – gewöhnlich unter dem Dach „NGL" zusammengefasst werden.

5.1 Kinderlieder

Zwischen einem Neuen Geistlichen Lied und einem religiösen Kinderlied zu unterscheiden ist schwierig, da beide eindeutig der Gattung Lied zuzuordnen sind und sich harmonisch nicht unbedingt unterscheiden müssen.

Ein Kinderlied sollte dennoch eine „leichte" Melodieführung aufweisen und kindgerechten Text verwenden, damit es im Kindergottesdienst oder im Religionsunterricht der Grundschule eingesetzt, und als solches identifiziert werden kann.

Einige Komponisten konzentrieren sich ganz auf die Schaffung von religiösen Kinderliedern, so Detlef Jöcker und Ludgar Edelkötter (siehe Kap. 4.4 und 4.5).

Der Komponist Rolf Schweizer urteilt: „Kinderlieder wollen dem religionspädagogischen Anliegen in Kindergarten, Grundschule und Kindergottesdiensten gerecht werden. Zu ihren Merkmalen gehören textliche Schlichtheit, kurze Strophen, sowie Vorliebe für Refrainbildungen und formelhafte Einwürfe. Die kindgemäßen theologischen Aussagen beziehen sich vor allem auf den ersten Glaubensartikel: es gilt Bezüge von den kindlichen Erlebnisbereichen zur Wirklichkeit Gottes herzustellen. Es werden spielerische und bildhafte Ausdrucksformen in Text und Musik angestrebt, welche dem kindlichen Weltbild entsprechen. Typische kindliche Melodiemodelle (Pentatonik, Leierformel, Pentachord oder Hexachord) sind vorhanden die eine kindgerechte instrumentale Begleitung erlauben." (Schweizer in: Opp 2001, S. 129)

Solch eine „kindgerechte Instrumentalbegleitung" findet sich sehr gut in der Verwendung von Orff-Instrumenten (benannt nach dem Komponisten Carl Orff, 1895-1982). Hierbei erlaubt eine große Vielfalt von Instrumenten den Kindern, je nach eigenen Fähigkeiten und Wünschen zu musizieren und zu begleiten.

Zu den Orff-Instrumenten zählen:

a) Stabspiele (Ursprung liegt in Südostasien; seit dem 15. Jh. in Europa heimisch; Urformen der heute verwendeten Spiele sind die Trogxylophone aus Bali, Burma, Java und Thailand)

- Xylophon (aus Holz, Klangstäbe liegen auf trogförmigen Resonanzkästen)
- Metallspiele (Glockenspiele; ursprünglich ein „Spiel aus Glocken"; Name ging auf Stabspiele mit Metallplatten über; Ursprung Java)
- Metallophone (Stabspiel mit Stäben aus Leichtmetall; dunkler, weicher Klang)

b) Fellinstrumente (ursprünglich für Magie und Kult benutzt, z.B. in Ägypten; in Europa seit dem frühen Mittelalter in runder und eckiger Form)

- Trommeln (Felle sind über einen Reif gespannt und verschnürt)
- Pauken (durch Kreuzzüge ins Abendland gekommen; in verschiedenen Höhen stimmbar)

c) Rhythmusinstrumente

- Becken (asiatischen Ursprungs; Hochkulturen verwendeten sie als religiöse Kultinstrumente)
- Triangel (kam durch die türkische Janitscharenmusik im 18. Jh. nach Europa)

- Holzblocktrommel (Instrumentarium vieler Naturvölker; durch Jazzbands in Europa bekannt geworden)
- Tempelblocks (Ursprung in Korea)
- Schlagstäbe (ursprüngliches Rhythmusinstrument aus Afrika, meist aus Palisander; auch Claves genannt)

Ferner gehören Kastagnetten, Maracas, Guiro; Cow Bells, Agogo, Cymbel und Vibra-Slap dazu. (Vgl. Katalog „Studio 49", Gräfelfing 1999)

Kerninstrumente des Orff-Schulwerkes sind jedoch die Stabspiele, denn Sie sind gleichzeitig für Rhythmus und Melodie, als auch für Harmonie zu verwenden. Kinder können sich leichte Harmoniemuster merken oder einfache Melodien nachspielen.

Musikalisch und pädagogisch sind die Stabspiele insofern sehr wertvoll, da die einzelnen Sprossen erste musikalische Einsichten vermitteln und zum Experimentieren anregen, wie das auch Rolf Schweizer gerne hätte. (Heinrich Rohr (vgl. Kap. 4.1) hatte schon in den 60er und 70er Jahren aus pädagogischen Gründen Orff-Instrumente für Gottesdienstlieder eingesetzt und Orff-Spielkreise gefördert – unabhängig vom NGL).

Anhand von zwei Beispielen soll die wirkungsvolle Schlichtheit von Kinderliedern vermittelt werden.

Das Lied „Wenn einer sagt" wird auch als „Kindermutmachlied" (Abb. 10) bezeichnet und definiert damit schon im Titel die Zielgruppe. Der einfache Text „La la la la" der den Refrain bildet, hat zwar keinen Inhalt, ist für Kinder aber einfach zu merken. Das erste Motiv der Melodie wird sofort noch einmal einen Ton tiefer wiederholt, um dann, noch einen Ton tiefer, wieder zurück zum Anfangston zu kehren. Die gleiche Melodie wird ein zweites Mal wiederholt, so dass der Refrain von einem einzigen Motiv lebt.

Die Strophe besteht nur aus 4-tel-Noten, vermeidet große Intervallsprünge und die Harmonie beschränkt sich auf fünf Akkorde, von denen der d-Moll-Akkord (Takte 10 und 14) sogar weggelassen werden könnte, ohne dass das Lied darunter leidet.

Inhaltlich beschäftigt es sich mit einem Thema, das von Kindern gut nachvollzogen werden kann und entsprechende Assoziationen erweckt.

Wenn einer sagt / Kindermutmachlied

2. Wenn einer sagt: "Ich brauch dich, du;
ich schaff' es nicht allein.",
dann kribbelt es in meinem Bauch,
ich fühl' mich nicht mehr klein.

3. Wenn einer sagt: "Komm, geh mit mir,
zusammen sind wir was!",
dann werd' ich rot, weil ich mich freu',
dann macht das Leben Spaß.

4. Gott sagt zu dir: "Ich hab dich lieb.
Ich wär so gern dein Freund!
Und das, was du allein nicht schaffst,
das schaffen wir vereint."

Abb. 10 Andreas Ebert: „Kindermutmachlied" (aus: Mal Gottes Regenbogen, Nr.95, Verlag Junge Gemeinde, Stuttgart 1990)

Das zweite Beispiel-Lied „Der kleine Jonathan" (Abb. 11) schildert die biblische Geschichte von der „Speisung der Fünftausend" (Mk 6,30-44). Der Text ist in eine sehr einfache Form gebracht, mit immer wiederkehrenden, gleichen Textzeilen, und die Melodie besteht aus acht Takten, die jeweils wiederholt werden, wobei, bis auf die Anfangsquarte und eine Sexte, auf Intervallsprünge verzichtet wurde und die Melodie stufenweise bewegt wird.

Beide Lieder sind nach eigener Erfahrung, bei Kindern (zwischen 6 und 11 Jahren) sehr beliebt und werden gerne gesungen.

2. Und als der große Hunger kam,
   sprach Jesus: Ihr müßt teilen.
   Da teilten Frau und Kind und Mann,
   da teilt der kleine Jonathan.
   Da teilten Frau und Kind und Mann,
   und viele, viele Kinder.

3. Und Jesus segnet Fisch und Brot
   und sagt: Kommt her und esset.
   Da aßen Frau und Kind und Mann,
   da aß der kleine Jonathan.
   Da aßen Frau und Kind und Mann,
   und viele, viele Kinder.

4. Und alle Menschen wurden satt,
   die dort bei Jesus saßen.
   Satt wurden Frau und Kind und Mann,
   satt war der kleine Jonathan.
   Satt wurden Frau und Kind und Mann
   und viele, viele Kinder.

5. Denn, Brot, das man mit andern teilt,
   wird wunderbar sich mehren.
   Es dankten Frau und Kind und Mann,
   es dankt der kleine Jonathan.
   Es dankten Frau und Kind und Mann
   und viele, viele Kinder.

Abb. 11 „Der kleine Jonathan" (Quelle unbekannt)

5.2 Lobpreislieder

Lobpreislieder oder Praise & Worship-Songs (P&W) – wie die internationale Bezeichnung lautet – haben mit der deutschen Entwicklungsgeschichte des NGL nichts zu tun, denn ihr Ursprung liegt in der „Charismatischen Erneuerungsbewegung" aus den USA.

Diese Bewegung wurde 1959 „durch eine Christuserfahrung mit heilender Wirkung in einem Krankenhaus in New York ausgelöst" (Reller 1993, S. 168) und entfaltete sich daraufhin Anfang der 60er Jahre in anglikanischen und lutherischen Gemeinden in den USA. 1967 sprang die Bewegung auf die katholische

Kirche in Amerika über und erreichte seitdem weltweit große Verbreitung. (1996 zählten sich 372 Millionen Christen der Charismatischen Erneuerung (CE) zugehörig. (Quelle: www.erneuerung.de)) „Menschen erfahren einen neuen geistlichen Aufbruch als ein Geschenk des Heiligen Geistes, als ein neues persönliches Pfingsten." (ebd.)

Durch Pfarrer Arnold Bittlinger kam die charismatische Bewegung nach Deutschland, und im August 1963 trafen sich auf Einladung Bittlingers, etwa 80 Pfarrer und kirchliche Mitarbeiter in Enkenbach zu einer ersten charismatischen Tagung. (Vgl. Dalferth 2000, S. 86)

Innerhalb der CE entstand eine ganz neue Art von kirchlicher Musik: die Lobpreislieder.

Lobpreislieder sind überwiegend gesungene Gebete oder Bibeltexte, sprechen Gott, und besonders Jesus, direkt an und haben einen persönlichen, also keinen narrativen, Inhalt. Zu wichtigen Begriffen, die in den Liedern immer wieder vorkommen, gehören „Größe Gottes, Kraft, Macht, Freude, Finsternis, Treue, Erlösung, Vergebung, Erbarmen, Auferstehung, Gnade, Lob, Rettung und Gegenwart Gottes."

Die Lieder werden aber nicht nur gesungen, sondern der Singende versetzt sich mit diesen Liedern in Kommunikation mit Gott und sie können beliebig oft wiederholt oder durch Texte unterbrochen werden. Insofern lässt sich eine große Ähnlichkeit mit den Spirituals und Gospels feststellen, die ebenfalls aus der Gemeinde heraus entstanden und sehr flexibel gesungen werden.

Jesus (oder der „Herr") steht im Mittelpunkt der Lobpreisung. „In einem Lobpreisgottesdienst werden die Lieder aber nicht einzeln gesungen, etwa zum Eingang oder zum Schluss, sondern Lobpreis ist eine längere Phase im Gottesdienst, wo wir nicht einfach Lieder singen, sondern durch das Singen Gemeinschaft haben mit Gott. Die Lieder werden so ausgewählt, dass wir miteinander einen Weg gehen. Vielleicht fängt es mit ein paar fröhlichen Lobliedern an, (...) dann geht Lobpreis in Anbetung über; das sind Lieder, in denen Gott ganz im Mittelpunkt steht, Lieder die Ehrfurcht ausdrücken und sehr ruhig klingen. (...) Es ist auch üblich Lieder nicht nur einmal zu singen. Das würde über einen längeren Zeitraum zu viele neue Inhalte geben. (...) Öfter kommt ein gesprochenes Gebet dazwischen, oder ein instrumentales Zwischenstück, in dem das Gesungene nachklingen kann." (Trömel 1988, S. 6)

Lobpreislieder haben einen ganz eigenen Stil und sind ungeheuer stark von der Popularmusik geprägt. Wenn man bei englischsprachigen P&W-Songs – die meisten Lieder stammen nach wie vor aus Amerika – nicht auf den Text achtet, sondern nur der Musik lauscht, ist kein Unterschied zu einem kommerziellen Rock- und Poplied festzustellen. Die Qualität der Tonträger und die Arrangements im Lobpreis überbieten bei Weitem die Qualität der geläufigen Sacropop-Songs. Eine Auffälligkeit ist auch, dass P&W-Songs grundsätzlich – neben der Notenausgabe – auf CD erscheinen.

Die ersten Lobpreisgottesdienste wurden in Deutschland 1984 von Helmut Trömel in Reutlingen durchgeführt. Da es noch an Notenmaterial in Deutschland mangelte und nur englische Songs vorlagen oder einzelne, verstreute Übersetzungen, stellte Trömel mit seiner Frau das erste Lobpreis-Liederbuch zusammen, das 1988 im Hänssler-Verlag erschien. (Vgl. Dalferth 2000, S. 87f)

Weitere Lieder wurden aus dem Englischen übersetzt und in den 90er Jahren begannen einige deutsche Komponisten Lobpreislieder zu schreiben. Die bekanntesten Künstler sind:

Albert Frey aus Ravensburg, der mit seiner Immanuel-Lobpreis-Werkstatt seit 1990 dreizehn CD's publizierte (neueste: „Mit ganzem Herzen, Vol. 3", 2001) und von dem bekannte Lieder wie „Jesus unser Leben" (1998), „O Herr gieße Ströme.." (1992) und „Du hast Erbarmen" (1993) stammen (Quelle: www.lobpreiswerkstatt.de);

Lothar Kosse aus Köln, dem u.a. die Lieder „Groß ist unser Gott" und „Wasser des Lebens" zu verdanken sind,

Manfred Siebald mit Kompositionen wie „Singt das Lied der Lieder" und

Stephan Dennenmoser, der eng mit Albert Frey zusammenarbeitet und „Komm heiliger Geist erfülle uns" (1997) und „Erhebe dich Gott" (2001) schrieb.

Als bekannte amerikanische Komponisten müssen Graham Kendrick und Brian Doerksen genannt werden, deren Lieder auch in Deutschland verbreitet sind.

Seit dem ersten Notenbuch 1988 erscheinen jährlich neue Liederbücher für den Lobpreis in verschiedenen Verlagen. Ein typisches Lobpreislied ist in Abb. 12 abgedruckt.

Abb. 12: Feiert Jesus (G. Oliver aus: „Feiert Jesus", Hänssler-Verlag 1995)

Für die Aufführung der Lieder ist gewöhnlicherweise eine Band notwendig (Gesang, Gitarre, Flöte, Keyboard, Schlagzeug) oder auch mal nur eine Gitarre, aber keinesfalls die Kirchenorgel. (vgl. Dalferth 2000, S. 90)

5.3 Taize-Gesänge

Taizé ist ein kleines Dorf im französischen Südburgund, nahe Cluny, und hätte keinerlei Bedeutung, wäre dort nicht 1940 von Frère Roger (Schutz) eine ordensähnliche Bruderschaft gegründet worden, die für die Ökumene in der christlichen Kirche arbeitet und seit Ende der 50er Jahre wöchentlich internationale Jugendtreffs veranstaltet. (siehe: www.taize.fr)

Diese „Communauté von Taizé" hat eine religiöse Musikrichtung geprägt, die eine Sonderstellung in der neuen Kirchemusik einnimmt.

Seit Beginn der siebziger Jahre sah sich die Communauté vor ein Problem gestellt: Zahlreiche Besucher kamen (und kommen) Woche für Woche aus vielen verschiedenen Ländern der Welt nach Taizé zum Beten, Meditieren und Singen. Aber alle sprechen verschiedene Sprachen. Wie konnte man unter solchen Umständen zu gemeinsamen Gesang finden, in den jeder ohne sprachliche Barrieren einsteigen konnte?

Mit dem vorhandenen Liedgut war das nicht zu bewältigen, man brauchte geeignete Lieder.

Der Pariser Komponist und Organist an der St. Ignatius-Kirche, Jacques Berthier (1923-1994) war ein Mann, der dieser Aufgabe gerecht wurde. (Vgl. Gesänge aus Taizé 1983, S. 2)

Zwei gegebene Anforderungen mussten die Lieder erfüllen: Sie sollten schlicht und einfach in der Gestaltung sein, damit sie sich leicht merken und mitsingen ließen, und sie sollten dennoch hohe Qualität in Text und Musik aufweisen.

Berthier vertonte daraufhin ab 1975 lateinische, französische, englische und deutsche Texte und griff auf mittelalterlich-abendländische und orthodoxe Musiktraditionen zurück. Alle Lieder weisen eine repetitive Struktur auf, damit eine leichte Aufnahmefähigkeit gewährleistet ist. (Vgl. Dalferth 2000, S. 180)

Als Formen boten sich der Kanon und der chorische Wiederholgesang an, der zwei bis acht Takte lang ist, unbegrenzt wiederholt werden kann, und Solostimmen oder Instrumenten die Möglichkeit bietet, über das einfache Harmonieschema eine Überstimme zu singen oder zu spielen. (Bei vielen Lieder ist diese von Berthier schon auskomponiert.)

Die Gesänge zeichnen sich durch innere Ruhe, langsamen Melodiefluss und meditativen Charakter aus. Da sie in Taizé meist a cappella ausgeführt werden, sind alle Lieder 4-stimmig komponiert, haben einen leichten Rhythmus, und der Text (beschränkt auf eine einzige, wichtige Aussage) ist entweder lateinisch oder mehrsprachig, damit die Lieder problemlos von den Jugendlichen aus über 60 Ländern gesungen werden können.

Die Jugendlichen nahmen, nach der „Besinnungswoche" in Frankreich, die Gesänge mit in ihr Heimatland und so verbreiteten sie sich und fanden Eingang in viele Notenbücher für Neues Geistliches Lied. Häufig hört man in Gottesdiensten neben einem Janssens-Song auch ein Taizé-Lied zum Kyrie oder Halleluja.

In Deutschland publizierte der Herder-Verlag in Freiburg 75 Taizé-Gesänge, sowohl für Singstimmen, als auch für Instrumentalbegleitung. (Gesänge aus Taizé, 1983/1987), allerdings gibt es darüber hinaus noch viele andere Kompositionen (siehe www.taize.fr).

Seit dem Tod von Jacques Berthier ist diese Liedquelle „Taizé" jedoch versiegt.

5.4 Sacro-Rap – da bewegt sich was

Das Neue Geistliche Lied bzw. der Sacro-Pop hat seine Wurzeln in der Rock- und Popmusik und ist stilistisch gesehen auf einem Stand, den die internationale Popularmusik in den 70er Jahren erreicht hatte. Alle verwendeten Elemente sind dem Jazz, Beat, Rock, Blues oder Folksong entnommen. Die Popularmusikentwicklung der 80er und 90er Jahre scheint jedoch bisher spurlos an dem NGL vorbeigegangen zu sein.

Aber dem ist nicht ganz so: Gerade in jüngster Zeit versuchen sich christliche Komponisten dem Rap zuzuwenden, was aber einige Probleme aufwirft.

Das NGL soll eine Musikform sein, die in der Kirche als Gemeindegesang verwendet werden kann. Mit den melodiösen Liedern aus der Rock- und Popmusik ist das durchaus zu leisten. Probleme treten aber bei Musikformen wie Rap oder Hip Hop auf, bei denen ein Sänger (oder Sängerin) einen Text schnell gesprochen vorträgt und verschieden betont, der in dieser Form niemals von einer ca. 200-köpfigen Gottesdienstgemeinde im gleichen Takt und in gleicher Geschwindigkeit präsentiert werden könnte. (Es ist manchmal schon frustrierend, wenn eine Gemeinde nicht einmal die vorgegebene Geschwindigkeit durch die Orgel bei Liedern einhalten kann.)

Trotzdem gibt es z.B. von Albert Frey und Eugen Eckert Lieder, die als Rap geschrieben wurden. (Frey: „Christus höre uns" aus: „Bist Du kommst", immanuel music 1997; Eckert: „Vielleicht war's Abend, vielleicht Nacht" aus: „Die Zeit färben", Strube Verlag 1999 (siehe Abdruck Seite 85/86)).

Bei dem „Christus höre uns" (zu den Fürbitten) wird einfach ein Gebetstext von einem Sänger gerappt, während der Chorus (Refrain) von der ganzen Gemeinde gesungen werden kann, da er (wie auch im populären Rap) melodisch gestaltet ist.

Ebenso gestaltet sich der Rap von Eugen Eckert (Musik: Horst Christill), der über einem 2-taktigen Harmonieschema einen eingängigen Refrain der Gemeinde bietet.

Weitere, eher konzertante Vertreter von christlichem Rap (Sacro-Rap) oder Hip Hop sind „Nimm zwei", ein Duo, das für alle Musikstile offen ist, auf deutsch singt, und mehrere CD´s publizierte (u.a. „Du stehst zu mir") und „Warriors for Christ", die seit 1996 in Deutschland rappen und im Frühjahr 2001 ihre zweite CD veröffentlichten. (Vgl. www.nimmzwei.de und www.netads.de/w4c/)

5.5 White Metal

White Metal (manchmal auch als „Heavens Metal" bezeichnet), ist eine religiöse Musikrichtung, die aus den USA kommt und dort schon seit Mitte der 80er Jahre existiert.

Bewusst setzt sich der Name „White Metal" dem „Black Metal" entgegen. Black Metal (siehe Kap. 2.10.3) ist eine satanische, düstere Unterart des Heavy Metal und wird durch das Wort „Black" (dunkel, schwarz, finster) mit dem Bösen und der Finsternis verbunden.

„White" bedeutet weiß, hell und rein und symbolisiert damit das Gute. Gott und Teufel waren immer schon das Paradebeispiel für Gut und Böse. Wenn also Black Metal satanische Inhalte hat, so hat White Metal religiöse, christliche Inhalte in seinen Texten.

Die Musik ist harter Rock (bzw. Heavy Metal) mit verzerrter E-Gitarre, Schlagzeug und E-Bass. Schreie, Glaubensbekundigungen und kurze Predigten werden in die Songs eingebaut, und auch mal Taschenbibeln in das Publikum geworfen (Vgl. Kögler 1994, S. 220).

„Nach Aussagen von Szenenkennern dürfte es in den USA um 1990 ca. 800 White-Metal-Bands gegeben haben, mit Namen wie „Whitecross", „Altar boys" und „Bloodgood".

In Deutschland bietet das Label „Pila-Musik" White-Metal-Tonträger zum Verkauf an. Es muss aber fast ausschließlich auf amerikanische Bands zurückgegriffen werden, da White-Metal-Bands in Deutschland die Ausnahme sind (Creed, Cryztyne)." (Dalferth 2000, S. 335f)

Ein Text der deutschen Gruppe "Creed" aus Göppingen, zeigt beispielhaft den Inhalt von diesen – auf englisch gesungenen – Liedern:

Sign of Victory
The battle is ragin, the forces of darkness, they grow.
But we'll fight, fight, fight withaout fear
Armed by the power of God's word, so strong,
a double-edged sword. We will win the fight in the end, that is near.

In dem Lied geht es um den endzeitlichen Kampf zwischen Gut und Böse, bei dem der Kämpfer durch die Kraft Gottes und seiner Worte am Ende siegen wird.

In dem Lied sind die Fronten klar. Wer auf der Gewinnerseite stehen will, muss sich auf die Seite Gottes stellen. (Vgl. Dalferth 2000, S. 338)

Zu solchen kämpferischen Texten ist Heavy Metal durchaus passend, allerdings lassen sich diese Lieder schwer von einer Gemeinde singen, noch fanden sie bisher Eingang in Liederbücher des NGL.

6. Sieben ausgewählte Lieder im Vergleich

Nach den vielen theoretischen Überlegungen zum Neuen Geistlichen Lied, sollen in den folgenden Kapiteln einzelne Lieder von verschiedener Herkunft und Geschichte genauer untersucht werden, und somit das Lied selbst „unter die Lupe" genommen, und ein Praxisbezug hergestellt werden.

Es wird nach der textlichen Aussage der Lieder gefragt und der darausfolgenden Gottesdienstrelevanz, und dann auf die musikalischen Eigenschaften der Lieder eingegangen.

Zum Vergleich stehen an:

- *1 Joshua fit the battle of Jericho* (Spiritual; aus: DaCapo 1997, Nr.121)
- *2 Solang es Menschen gibt auf Erden* (Oosterhuis/Oyens-Wansink 1959; aus: Gotteslob 1975, Nr.300)
- *3 Die Sache Jesu braucht Begeisterte* (Albrecht/Janssens 1972; aus: Troubadour für Gott 1983, Nr.366)
- *4 Gloria, Ehre sein Gott* (Stimmer-Salzeder 1992; aus: Songbuch 4 1992, S. 11)
- *5 Vielleicht war's Abend, vielleicht Nacht* (Eckert/Christill 1999; aus: Die Zeit färben 1999, Nr.94)
- *6 Adoramus te domine* (Berthier (1976); aus: 40 Gesänge aus Taizé 1983, S. 5)
- *7 Der Himmel erfüllt mein Herz* (Kendrick 1991; aus: Feiert Jesus 1995, Nr.23)

Warum wurden gerade diese Lieder ausgewählt?

Die sieben o.g. Lieder geben einen guten Überblick über die verschiedenartigen Schaffensweisen im Bereich der neuen religiösen Musik. Alle relevanten Musikrichtungen in „moderner" Kirchenmusik, wurden bisher in dieser Hausarbeit behandelt. Mit den sieben Liedern wird nun ein Beispiel für jede Stufe der Entwicklungsgeschichte oder für jede Subkultur gegeben und analysiert. (Mit Ausnahme des „Kinderliedes", da dies in Kapitel 5.1 schon ausführlich behandelt wurde).

Ein Spiritual zeigt die Wurzeln der Popularmusik und insbesondere der Rhythmik. „Solang es Menschen gibt auf Erden" entstand in der Werkgruppe von Huub Oosterhuis (Kap. 4.2.3) und gehört zu den ersten Liedern, die als NGL bezeichnet wurden. „Die Sache Jesu" (Sacro-Pop) ist ein „Janssens-Klassiker" und repräsentativ für sein Wirken. Mit dem „Gloria, Ehre sei Gott" wurde ein neueres NGL ausgewählt, das als Beispiel für die 80er und 90er Jahre gelten kann. Mit dem, schon in Kap. 5.4 erwähnten Lied „Vielleicht war´s Abend" wird ein Rap in die Untersuchung aufgenommen. „Adoramus te domine" verdeutlicht die, in Kapitel 5.3 ausgeführten Erläuterungen zu einem Taizé-Gesang und „Der Himmel erfüllt mein Herz" ist ein typisches Lobpreislied aus Amerika.

Die Lieder sind auf den folgenden Seiten nummeriert abgedruckt.

Lied 1: *Joshua fit the battle of Jericho*

Lied 2: *Solang es Menschen gibt auf Erden*

2. Solang die Menschen Worte sprechen, / solang dein Wort zum Frieden ruft, / solang hast du uns nicht verlassen. / In Jesu Namen danken wir.
3. Du nährst die Vögel in den Bäumen, / du schmückst die Blumen auf dem Feld; / du machst ein Ende meinem Sorgen, / hast alle Tage schon bedacht.
4. Du bist das Licht, schenkst uns das Leben; / du holst die Welt aus ihrem Tod, / gibst deinen Sohn in unsre Hände. / Er ist das Brot, das uns vereint.
5. Darum muß jeder zu dir rufen, / den deine Liebe leben läßt: / Du, Vater, bist in unsrer Mitte, / machst deinem Wesen uns verwandt.

T: Huub Oosterhuis 1959 „Zolang er mensen zijn op aarde", Übertragung Dieter Trautwein 1966/1972 M: Tera de Marez Oyens-Wansink 1959

Lied 3: *Die Sache Jesu*

Text: A. Albrecht Melodie: P. Janssens aus: "Wir haben einen Traum", 1972
Rechte im Peter Janssens Musik Verlag, 4404 Telgte

Lied 4: *Gloria, Ehre sei Gott*

2
Du bist der Herr, der Heilige, der Höchste allein.
Du nimmst hinweg die Schuld der Welt, erbarm' dich unser, Gotteslamm!

Lied 5: Vielleicht war's Abend, vielleicht Nacht

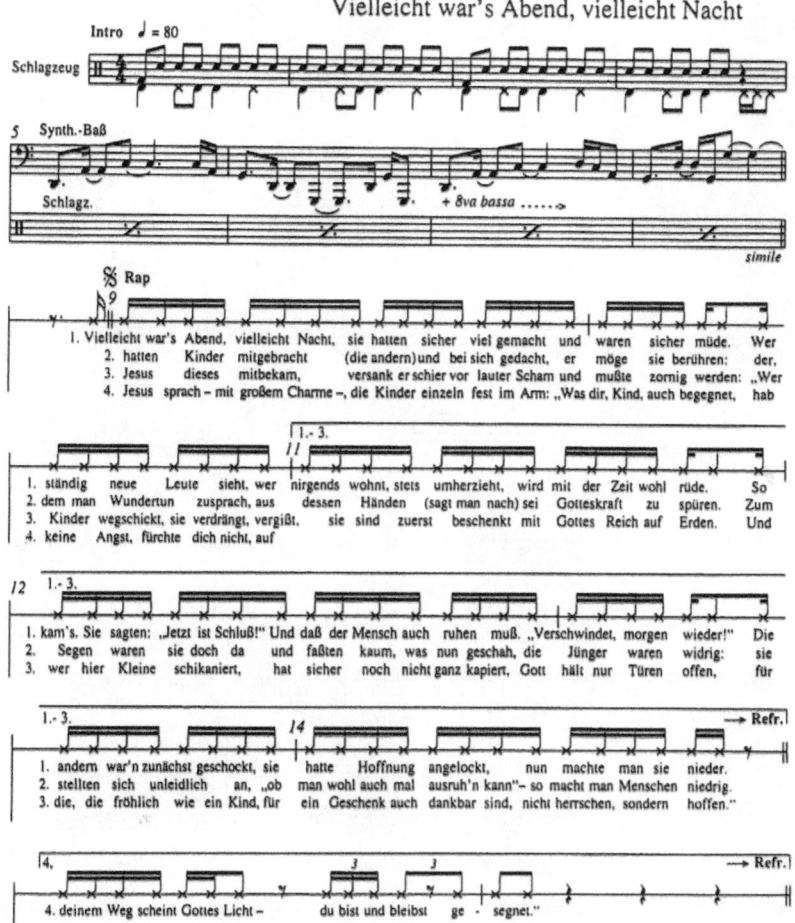

Lied 6: *Adoramus te domine*

Lied 7: *Der Himmel erfüllt mein Herz*

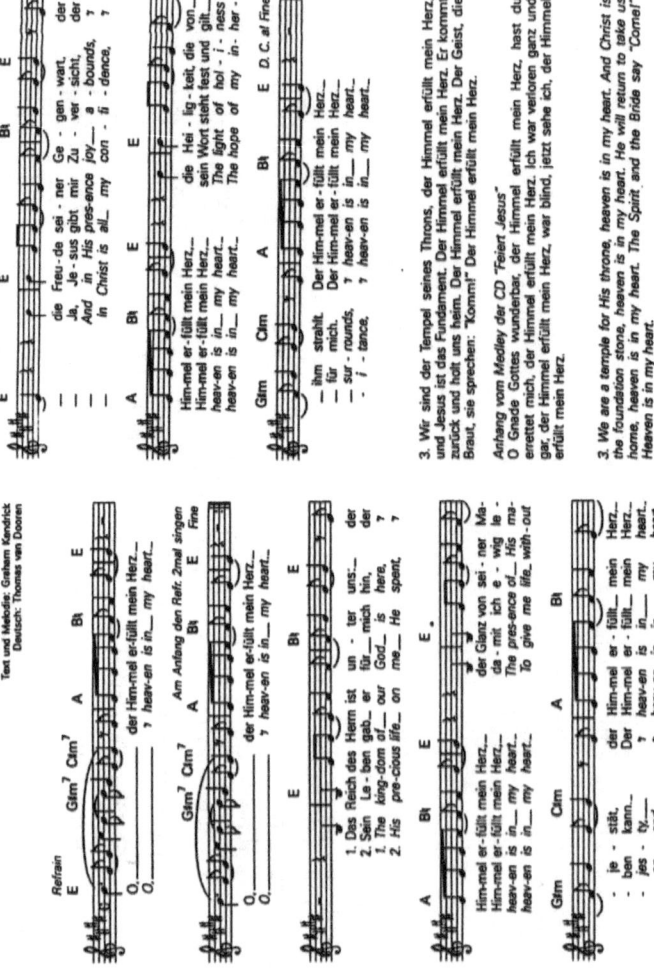

6.1 Textinhalte und Gottesdienstrelevanz

Da das Neue Geistliche Lied als Gesang christlicher Menschen gedacht ist, die damit ihren Glauben ausdrücken, stellt sich die Frage, welche Botschaften das Lied transportiert und was in den Texten zur Sprache gebracht wird.

Diese Überlegung ist nicht neu, und wurde schon bei den herkömmlichen Kirchenliedern angewendet. Christian Thust legte dazu 1976 eine Untersuchung vor, aus der Peter Hahnen zusammenfasst: „Kirchenlieder fragen nach dem menschlichen Leben in seiner Tiefendimension auf Gott hin bzw. thematisieren Gottes Antwort in Christus." (Hahnen 1998, S. 264)

Existenziale Feststellungen, Fragen nach dem Sinn des Lebens, theologische Zusagen an den Menschen und dogmatische Lehraussagen sind Inhalt der „alten" Kirchenlieder. (Vgl. Thust 1976, S. 82)

Einen Versuch die neuen religiösen Lieder zu eruieren, unternahm 1983 Otto Mittermeier (Mittermeier 1983, S. 865-885). Nach seinen Untersuchungen finden sich in den Liedern Themen, die den Gruppen

- *Sinn des Lebens (auch: Lebensgestaltung)*
- *Botschaft der Befreiung*
- *Glaube (von der Kirche vorgegeben)*
- *Gebet oder biblischer Text*

zugeordnet werden können.

Bei den sieben „Test-Liedern" soll auch nachgeprüft werden, ob diese Einteilung gerechtfertigt ist, und ob sich die Lieder den vier Gruppen zuordnen lassen. Wäre dies der Fall, so sind sie durchaus für den Gottesdienstgebrauch geeignet, denn die o.g. Themenbereiche lassen sich denen von Christian Thust – in anderer Formulierung – zuordnen.[7] Und diese finden seit Jahrhunderten im Gottesdienst Verwendung.

Lied 1:

Das Spiritual erzählt die biblische Geschichte von Joshua und dem Fall der Stadt Jericho (Buch Joshua, Kap.6): Gott gibt Joshua soviel Macht, dass er, wenn er

---

[7] „Existenziale Feststellungen" und „Fragen nach dem Sinn des Lebens" (Thust) sind bei Mittermeier unter „Sinn des Lebens" zusammengefasst, „theologische Zusagen an den Menschen (Thust) entspricht der „Botschaft der Befreiung" (Mittermeier) und „dogmatische Aussagen" können mit „Glaube", wenn er als kirchliche Lehrmeinung gesehen wird, gleichgesetzt werden. Wenn Mittermeier noch Gebet und Biblische Texte hinzufügt ist das durchaus richtig. (Vgl. Hahnen 1998, S. 266f)

Gottes Rat befolgt, die großen Mauern der Stadt zum Einsturz bringen kann, um dadurch die Einwohner von ihrem verhassten König zu befreien.

Durch das bloße Ertönen von Trompeten und Hörnern stürzt die Mauer ein, und Gott schenkt den Menschen von Jericho die Freiheit.

Textlich ist das Lied demnach eine narrative Darstellung eines biblischen Ereignisses und aufgrund dessen für den christlichen Gottesdienst – vielleicht unmittelbar als Zwischengesang nach der alttestamentlichen Lesung (im kath. Gottesdienst) – geeignet. Darüber hinaus, wird in dem Lied noch von der Befreiung von Leid durch das Vertrauen auf Gott gesprochen. Die Botschaft der Befreiung ist demnach – im weiteren Sinne – auch vorhanden.

Lied 2:

Dieses Lied spricht Gott direkt an (euchologischer Kommunikationstypus) und impliziert Dank. Gott war immer, ist immer und wird immer sein: „Solang es Menschen gibt auf Erden", beschreibt einen historischen und einen zukünftigen Zeitraum. Der Mensch braucht sich keine Gedanken um sein Dasein zu machen, denn Gott hat alles schon geplant „hat alle Tage schon bedacht" (Str. 3)

Die letzte Strophe ist als Aufforderung zu sehen, Gott in seine persönliche Mitte (des Lebens) zu lassen.

Ein Sinn des Lebens ist klar zu erkennen, denn Gott hat alles geplant, zu ihm kann man bei Problemen und Sorgen kommen (Str. 3) und wegen Gott sind wir am Leben (Str. 4). Demnach werden wir auch wieder zu Gott zurückkehren.

Die Idee der Befreiung ist ebenfalls vorhanden, denn „Gott holt die Welt aus ihrem Tod", womit das Lied eindeutig gottesdienstrelevant ist. (Die Aussage erübrigt sich eigentlich, da das Lied seit 26 Jahren im katholischen Gesangbuch enthalten ist und praktiziert wird).

Lied 3:

Eine Kirche lebt von ihren Gläubigen. Das ist bei dem Christentum nicht anders und dieses Lied fordert jeden auf, teil zu nehmen an „der Sache", also der Idee und Botschaft Jesu. Es ist eine Aufforderung und Ermutigung der Gläubigen, ernst zu machen mit der Nachfolge.

Aktuelle oder persönliche Problemfelder, wie Hass, Entzweiung, Verzweiflung, Entfremdung, Krieg, Hunger und Elend werden angesprochen und es wird gefragt, wer diese Situation ändern könnte. („Wer befreit sie zum Frieden?" in Str. 1 oder „Wer befreit uns zum Leben?" in Str. 4) Die Antwort dazu steckt im

Refrain, wenn es heißt „er macht uns frei, damit wir einander befrei´n". Christus kann solche Gnade gewähren, aber seine Anhänger sind aufgefordert genau dieses Handeln Jesu fortzusetzen.

Ganz eindeutig ist hier wiederum die Botschaft der Befreiung enthalten, aber auch ein persönliches Engagement gefordert. Die gottesdienstliche Tauglichkeit ist in jedem Fall gewährleistet, und das nicht nur, weil es extra für einen Gottesdienst entstand (siehe „KJG-Tage", Kap. 4.3.2).

Lied 4:

Der Text, der dem Lied zugrunde liegt, entstammt der kirchlichen Liturgie, ist also selbst zwingender Bestandteil eines Gottesdienstes (vgl. Kap. 3.4). Solche Vertonungen des Mess-Ordinariums (Kyrie, Gloria, Credo, Sanctus, Agnus Dei) sind auch im NGL noch üblich und werden häufig praktiziert (Das Liederbuch „Melodien, die unsere Worte beflügeln" (1981) weist acht Lieder aus, die extra als „Sanctus" komponiert wurden; darüber hinaus ist mir selbst noch mindestens ein weiteres Dutzend bekannt.)

Die gottesdienstliche Relevanz ergibt sich aus dem Text selbst.

Lied 5:

Der Text schildert eine Begebenheit, wie sie sich ereignet haben könnte, ohne am Anfang genau auszusagen, worum es geht. Geschickt lässt der Autor nach und nach mehr Informationen zu der biblischen Geschichte einfließen, um die es hier geht:

Einige Leute brachten ihre Kinder zu Jesus, damit er sie segnen möge. Die Jünger aber – wohl Müde von dem langen Tag – fuhren sie an, sie mögen gehen und morgen wieder kommen. Als Jesus das mitbekam wurde er zornig und sprach zu seinen Jüngern: Lasset die Kinder zu mir kommen und wehret ihnen nicht, denn ihnen gehört das Himmelreich. Daraufhin legte er den Kindern die Hände auf und segnete sie. (Mk 10,13-16)

Die Strophen dieses Liedes erzählen den Bibeltext, während der Refrain (den die Gemeinde singen soll) Anlehnung an die Bergpredigt Jesu, mit ihren Seligpreisungen zeigt (Mt, Kap. 5), und inhaltlich die Aussagen der Strophen theologisch bekräftigt.

Auch dieser Text fällt unter die Themengruppen von Mittermeier (=>„Gebet oder biblischer Text") und ist für den Gottesdienst geeignet.

Lied 6:

„Adoramus te domine" heißt „Wir beten dich an, Herr" und ist eine allgemeingültige Aussage bei Gläubigen. Der Sänger soll sich als Betender sehen und das Gott (bzw. Jesus) kundtun. Gut passt dieser Text zu einer Versammlung von vielen Menschen, wie in Taizé, die gemeinsam diese Aussage öfter hintereinander wiederholen.

Mag dieser Text auf den ersten Blick sehr einfach erscheinen, kann doch jeder Singende seine eigenen Gebete und Gedanken in die ruhige Melodie einfließen lassen. Durch die Solo-Überstimmen wird die Person Jesu, bzw. seine Eigenschaften, Strophe für Strophe spezifiziert und alle sagen gemeinsam aus: Wir beten Dich an, Herr.

Das Lied fällt unter die Rubriken „Gebet" und „Glaubensverkündigung" und ist durchaus in einer Kirche zu singen.

Lied 7:

In diesem Lied wird eigenes Empfinden ausgedrückt. „Der Himmel erfüllt mein Herz". Jeder der das singt soll den Himmel in seinem Herz spüren und davon den anderen kundtun.

Bei den Lobpreisliedern wird versucht – im Gegensatz zu vielen Gospels – den englischen Text wörtlich oder zumindest sinngleich in die deutsche Sprache zu übersetzen. Dadurch geht die Botschaft des Liedes nicht verloren.

Das Königreich Jesu ist schon angebrochen und er ist gegenwärtig. Er hat sich geopfert für mein Leben und gibt mir Zuversicht und Hoffnung. Wir sind Teil seiner Herrlichkeit und dürfen darauf hoffen „heimgeholt" zu werden.

Der Text verlangt eindeutige Glaubensbekenntnisse und setzt einen starken Glauben voraus.

Er eröffnet aber sowohl einen Sinn des Lebens („wir sind Teil des Tempels Gottes und damit haben wir eine weitreichende Funktion in der Welt"), als auch eine Befreiungsbotschaft („Jesus starb damit ich lebe") und ist zudem Gebet.

Auch dieses Lied halte ich für gottesdienstbrauchbar.

Alle hier aufgeführten Beispiel-Lieder könnten in der christlichen Messfeier aufgrund ihrer Textaussage verwendet werden, denn sie haben Inhalte, die auch die „klassischen" Kirchenlieder verwenden und untergraben keineswegs den Glauben oder bringen falsche Lehren, wie gerne kritisiert wird. Natürlich sollte jedes Neue Geistliche Lied vor dem Gebrauch – zumindest wenn es im Gottesdienst verwendet werden soll – auf seine Aussage hin überprüft werden, aber sobald Lieder in religiöse Notenbücher Aufnahme fanden, kann davon ausgegangen werden, das die Botschaft mit der christlichen Lehre konform ist.

6.2 Analyse der Komposition

Der Komponist eines Neuen Geistlichen Liedes ist in seinem Schaffen relativ „frei" im Vergleich zu dem Texter, denn gewisse „Auflagen", wie im vorherigen Kapitel gezeigt, müssen in der Melodie nicht erfüllt sein. Jedoch wird jeder Komponist selbst darauf achten, dass seine Melodien schlüssig sind, melodisch klingen und „ins Ohr gehen". Denn nur so hat das Lied Chancen, von anderen Menschen angenommen zu werden und Verbreitung zu finden. Die Rezipienten haben die Funktion eines Siebes: Was nicht gefällt, wird nicht gehört oder gesungen. Das ist in der Popularmusik nicht anders, dort ist der Druck sogar noch viel größer aufgrund des Überangebotes an Musik.

Ob ein Lied nun „schön" ist oder nicht, ist natürlich rein subjektiv, aber wenn sich der Komponist beim NGL am „Mainstream" der Popularmusik orientiert, liegt er bestimmt nicht falsch.

Die sieben Lieder aus Kapitel 6 sollen jetzt in ihren musikalischen Eigenschaften verglichen werden. Um darzustellen, wie sich Neue Geistliche Lieder generell von herkömmlichen Kirchenliedern unterscheiden, wird mit der Analyse eines Kirchenliedes aus dem 16. Jahrhundert begonnen. („Wir danken Dir, Herr Jesus Christ" T: Christoph Fischer (vor 1568), Melodie: Nikolaus Herman (1551) aus: Orgelbuch zum Gotteslob 1976, S. 88)

Abb. 13: Wir danken Dir Herr Jesus Christ (aus: „Orgelbuch zum Gotteslob" 1976)

Bei dem Lied fällt als Erstes das *Fehlen von Taktstrichen* auf. Das ist bei alten Liedern üblich, und es wird nur das Taktmaß (hier 2/2-Takt) am Anfang des Liedes angegeben. Dennoch lässt sich die *Melodie in vier Phrasen* unterteilen, die jeweils durch ein Atemzeichen (kleiner Strich im Notensystem) markiert sind. (Technisch bedingt entstehen an solchen Stellen, bei dem Singen mit der Gemeinde, meist längere Pausen, obwohl diese im Lied gar nicht vorgesehen sind.)

Von der Form ist es ein *Strophenlied* und die vorherrschenden Notenwerte sind *Viertel- und Halbenoten.*

Die *Tonart ist „Dorisch"*, weicht aber sehr oft nach *d-moll* aus, durch Erniedrigung des Tones h zu „b" und durch den Leitton (cis) in der Dominante A-Dur (harmonisches Moll). Auffallend ist, dass *mit fast jedem neunen Melodieton ein Harmoniewechsel* stattfindet. Dadurch bekommt zwar jeder Ton eine eigene Gewichtung, das Lied wird aber schwerfällig. Die *Harmonien beschränken sich auf Moll-Tonika (t), Dur- oder Moll-Dominante (d, D), Moll-Subdominante (s) und deren Parallel-Klänge* (hier: F-Dur, B-Dur und C-Dur). Nur in der dritten Phrase erscheint – bedingt durch die dorische Tonart – G-Dur und e-moll. (II. Stufe und Dur-Parallele).

Der Tonraum wird begrenzt von d1 und c2.

Mit diesen Ergebnissen (Kursiv-Druck) werden nun die sieben „Test-Lieder" verglichen. (Der Übersicht wegen stichpunktartig dargestellt).

Lied 1:

Rhythmus/Takt: Aufgrund der großen Bedeutung von Rhythmus in afroamerikanischen Liedern ist das Lied natürlich in Takte unterteilt (hier: 4/4-tel-Takt). Flotte Geschwindigkeit.

Gestalt des Liedes: Kehrverslied; nach jeder Strophe wird der Refrain gesungen

Melodiestruktur: 4-taktiges Strophenmotiv mit Wiederholung (leichte Modifikation), und ebenfalls 4-taktiges Motiv im Kehrvers, dem sich eine Wiederholung mit kleiner Coda (Takt 15/16) anschließt.

Notenwerte: viele verschiede Notenwerte, Punktierungen, Synkopen, Überbindungen

Tonart: d-Moll (harmonisches Moll)

Harmonien: einfache Harmonisierung, die sich auf den Wechsel von Tonika und Dur-Dominante beschränken lässt. Zugefügte Septime im Dominantakkord (A^7).

Tonraum: Der Tonraum der Oktave wird nur durch eine Wechselnote in Takt 1 und 5 überschritten.

Lied 2:

Rhythmus/Takt: 4/2-Takt, unterteilt durch Taktstriche; der Grundschlag wird in Halben gezählt, wie anhand der Note über der Taktart zu ersehen ist.

Gestalt des Liedes: Strophenlied

Melodiestruktur: 8-taktiges Liedschema, unterteilt in 4 Phrasen a 2 Takte, die durch je eine Pause (außer Takt 6) unterbrochen werden. Die Melodie von Takt 1 und 2 wird wiederholt (Takt 3 + 4), und in den Takten 5 und 6 wird die gleiche Melodie zwei Töne tiefer gesungen.

Takt 7 + 8 greift Elemente aus den ersten Takten auf und bildet die Coda.

Notenwerte: Viertel- und Halbenoten; Synkopen

Tonart: F-Dur;

Harmonien: das Orgelbuch zum Gotteslob sieht für dieses Lied eine ähnliche Begleitung wie für herkömmliche Kirchenlieder vor (jede Note eine neue Harmonie), beschränkt sich in den ersten vier Takten jedoch auf zwei Harmoniewechsel. (C-Dur bei „*auf* Erden" und „Früch-*te* trägt"). In den Takten 5-8 werden Moll-Parallelen und Subdominate verwendet.

Tonraum: d1 bis c2 (wie in „Wir danken Dir Herr Jesus Christ")

Lied 3:

Rhythmus/Takt: 4/4-tel-Takt, schneller Rhythmus, Rock

Gestalt des Liedes: Kehrverslied

Melodiestruktur: 8-taktiges Liedschema, sowohl bei der Strophe, als auch bei dem Refrain; die ersten beiden Takte werden in Takt 3+4 einen Ton tiefer imitiert. In Takt 5+6 kehrt die Melodie zum ersten Motiv zurück und bildet in den Takten 7 und 8 eine kleine Coda. Nach dem gleichen Prinzip ist die Strophe komponiert.

Notenwerte: Die Notenwerte beschränken sich auf Halbe-, Viertel und Achtelnoten; viele Synkopen und Pausen im Lied (auf Zählzeit „eins") lassen die Herkunft aus dem Jazz und Beat erkennen.

Tonart: g-Moll

Harmonien: Einfaches Harmonieschema; Sowohl dem Refrain, als auch der Strophe, liegen die gleichen Harmonien zugrunde; einem Wechsel von Moll-Tonika zu Dominant-Parallele (F-Dur) und zurück, folgt jeweils eine Coda mit Doppeldominante (Dur), Dominante und Tonika.

Tonraum: Der Oktavraum d1 bis d2 wird nur einmal im Refrain überschritten („*Sein* Geist" (c1))

Lied 4:

Rhythmus/Takt: 4/4-tel-Takt, schneller Rhythmus

Gestalt des Liedes: Kehrverslied

Melodiestruktur: 8-taktiges Liedschema in Strophe und Kehrvers; die ersten vier Takte des Refrain werden (melodisch) in den Takten 5 bis 8 wiederholt, mit Ausnahme des vorletzten Tones und des Schlusstones; die Strophe entwickelt einen eignen Verlauf.

Notenwerte: Verwendung von Viertel- und Achtelnoten, was zu einem lebendigen Melodiefluss beiträgt; selten Halbenoten; Synkopen, Vorwegnahme und Anbindungen von Noten an andere; viele kurze Pausen im Lied;

Tonart: D-Dur

Harmonien: großes Spektrum an Akkorden; alleine der Refrain verwendet sieben verschiedene Harmonien; Quartvorhalte und Septimen in den Akkorden; Strophe endet auf Halbschluss und der Refrain wird erwartet; Harmoniewechsel jedoch immer nur auf Zählzeit eins oder eins und drei und nicht bei jedem Ton wie in „alten" Liedern.

Tonraum: kleiner Tonraum von sechs Tönen (d1 bis h1)

Lied 5:

Rhythmus/Takt: 4/4-tel-Takt, langsamer Rhythmus, der besonders im Refrain zum Tragen kommt; die Strophen wirken schnell durch den Sprechgesang (Rap)

Gestalt des Liedes: Kehrverslied

Melodiestruktur: 6-taktiges Schema in der 1. bis 3. Strophe; 4. Str. hat nur vier Takte; 12-taktiges Liedschema im Kehrvers, das aus 6 mal 2 Takten aufgebaut ist; nach dem Kehrvers soll ein Takt eingebaut werden, der aber nicht zwingend notwendig ist; die ersten beiden Takte des Refrain werden, etwas variiert, fünfmal wiederholt, und sind deshalb einfach zu merken;

Notenwerte: nur Viertel- und Achtelnoten in der Gesangsstimme; Refrain ist ruhig und getragen und steht im Kontrast zu der Strophe; keine Synkopen; Sprechgesang in Sechzehntel-Noten, selten durch Achtelnoten unterbrochen;

Tonart: a-Moll

Harmonien: Die Strophe beschränkt sich auf zwei Akkorde, die taktweise gewechselt werden (d-Moll = Subdominante und G-Dur = Dominant-Parallele); der Refrain ist aus einem 2-taktigen-Harmonieschema aufgebaut mit Tonika, Subdominant-Parallele und Dominant-Parallele (a-Moll, F-Dur und G-Dur), der G-Dur-Akkord wird aber während des Kehrverses zweimal durch einen verwandten Klang ersetzt (e-Moll und E-Dur).

Zu beachten sind einige Akkordmodifikationen (hinzugefügte Septime (Dm^7), Sekunde statt Terz (G^2), Quartvorhalts-Akkord (E^4))

Tonraum: trotz schlichter Melodie erstreckt sich der Tonraum über eine None (d1 bis e2)

Lied 6:

Rhythmus/Takt: 2/2-Takt; sehr langsam und getragen (Angabe: $\n = 56$ nach M.M.)

Gestalt des Liedes: 4-taktiger Vers; über die ersten beiden Takte können Überstimmen gesungen werden;

Melodiestruktur: 4-taktiges-Melodieschema; ständige Wiederholung

Notenwerte: alle Notenwerte von Viertel- bis Ganze-Noten vertreten, keine Synkopen oder Pausen im Vers, durchlaufende Melodie; in der Überstimme jedoch Synkopen;

Tonart: G-Dur

Harmonien: kadenzartiges 2-Takt-Modell: Tonika führt über die Dominante in einen Trugschluss (e-Moll), und über Subdominant-Parallele und Dominante schließt die Harmonie in der Tonika.

Tonraum: im Vers werden nur vier verschiedene Töne werden verwendet (g1 bis c2)

Lied 7:

Rhythmus/Takt: 4/4-tel-Takt, mäßig schnelle Geschwindigkeit

Gestalt des Liedes: kombiniertes Strophen- und Refrainlied; Teile des Kehrverses werden – ähnlich den Spirituals – als Einwurf in der Strophe gesungen, so dass es nicht für alle Singenden notwendig ist, den Liedtext in Händen zu halten, sich alle aber trotzdem möglichst viel am Singen beteiligen können;

Melodiestruktur: 8-taktiges Liedschema im Refrain, und 2 mal 8-taktiges Schema in der Strophe (die zweiten acht Takte sind melodisch eine Wiederholung der ersten acht); das Lied entwickelt sich komplett aus den Takten 1 bis 4, alle weiteren Takte sind Variationen oder Kopien dieser;

Notenwerte: primär Viertel- und Achtelnoten; durch Überbindung entstehen jedoch auch punktierte Notenwerte; Synkopen; Vorausnahme von Zählzeiten;

Tonart: E-Dur

Harmonien: einfache harmonische Gestaltung; die Harmonien der ersten vier Takte der Strophe bilden das Grundgerüst (E-Dur/H-Dur/E-Dur/A-Dur/H-Dur/E-Dur), der zweite und dritte Akkord wird aber sowohl in der Strophe als auch beim Refrain teilweise durch seine Moll-Parallelen ersetzt ($G^{\#}$-Moll/$C^{\#}$-Moll);

Tonraum: Oktavumfang (h-h1)

Was lässt sich anhand der musikalischen Liedanalyse sagen?

Die Taktart der Neuen Geistlichen Lieder ist fast ausnahmslos der 4/4-tel-Takt. Dieses Phänomen findet sich auch in der Popularmusik, die ebenfalls – mit wenigen Ausnahmen – Kompositionen im 4er-Takt hervor bringt. Da bei dem NGL oft ein Schlagzeug mitspielt, muss die Taktstruktur exakt eingehalten werden; Taktstriche sind erforderlich.

Beliebt ist ein Kehrverslied, das der Gemeinde zumindest bei dem Refrain die Möglichkeit bietet, mitzusingen, wenn die Strophen zu schwer erscheinen. Durch das häufige Wiederholen des gleichen Textes auf die gleiche Melodie, prägen sich beide gut ein. Selbstverständlich kann eine Gemeinde auch die Strophen singen.

Vielen Liedern liegt ein symmetrisches Taktschema zugrunde, entweder 4-, 8- oder 12-taktig, was nicht verwunderlich ist, da wir es beim NGL mit der Gattung Lied zu tun haben (siehe Kap. 3.1). Auch Wiederholungen der Melodie oder Verarbeitung von einzelnen Motiven in dem Melodiefluss wurden vom Volkslied übernommen. (Man denke an die Liedform A-B-A).

Ein großes Spektrum an bunt gemischten Notenwerten und die Verwendung von Synkopen, kurzen Pausen im Melodiefluss, Vorwegnahmen und Anbindungen von Noten an andere, erzeugen Spannung und lassen die Musik „grooven". Alle diese Elemente entstammen der afroamerikanischen Musik, die großen Wert auf Rhythmik legt. (Jazz, Rock´n Roll, Beat, Rock, etc.)

Die Tonarten können sehr verschieden sein, es hat sich jedoch nach und nach durchgesetzt, die Tonarten „gitarrenfreundlich" zu wählen, da das NGL häufig mit diesem Instrument begleitet wird. (Siehe Kap. 9.2.2) Unter gitarrenfreundlichen Tonarten sind solche zu verstehen, bei deren Begleitung Akkorde verwendet werden, die auch für den Anfänger am Instrument leicht zu greifen sind. Hierzu zählen: C-Dur, D-Dur, E-Dur, G-Dur, A-Dur, d-Moll, e-Moll, g-Moll, a-Moll und h-Moll. Geeignete Tonarten wären demnach: C-Dur, D-Dur, G-Dur, A-Dur, d-Moll, e-Moll und a-Moll. Keinesfalls jedoch Es-Dur, B-Dur, c-Moll, $G^{\#}$-Dur, etc.

Die Harmonisierung ändert sich je nach Musikstil, dem das NGL zuzuordnen ist. Verwenden Gospel, Taizé-Gesänge und Lobpreislieder eher wenige verschiedene Harmonien, so wird in der Rock- und Popmusik (Sacro-Pop) gerne eine große Vielfalt an Akkorden verwendet, die zudem keine reinen Dreiklänge mehr sind, sondern durch hinzugefügte, chromatisch veränderte oder weggelassene Töne einen bestimmten Klang erzeugen.

Die gewünschten Harmonien werden durch sogenannte Akkord-Symbole über dem Notensystem angezeigt und jedes Symbol definiert einen genauen Klang. (Siehe nächstes Kapitel).

Der Tonraum schließlich, bewegt sich in einem, für alle Stimmen (Sopran, Alt, Tenor und Bass), singbaren Rahmen. Dieser liegt i.d.R. zwischen dem kleinen „a" und dem zweigestrichenen „d", manchmal sogar e´´.

Die Lieder sind also musikalisch gesehen nicht unbedingt kompliziert aufgebaut, haben einfache Melodien und Formen, fordern jedoch harmonisch[8] und besonders rhythmisch ein anderes musikalisches Verständnis, als bei den herkömmlichen Kirchenliedern. Deshalb wurden sie anfänglich auch als „Rhythmische Lieder" bezeichnet.

Mit dieser textlichen und musikalischen Analyse sollte verdeutlicht werden, dass es sich bei den (meisten) NG-Liedern um kein qualitativ minderwertiges Produkt der Komponisten und Texter handelt, und es sowohl inhaltlich, wie auch musikalisch durchaus in dem kirchlichen Bereich seine Berechtigung hat und für den gottesdienstlichen Gebrauch geeignet ist.

6.3 *Exkurs:* „Akkordsymbole"

Eine Harmonie wird im Neuen Geistlichen Lied durch ein Akkordsymbol über dem Notensystem (an der Stelle der entsprechenden Note, die harmonisiert werden soll), angegeben. Diese Akkordbuchstaben verschlüsseln nach einem ganz bestimmten Prinzip die Harmonien, ähnlich der Schreibweise in der Funktionstheorie.

Sie werden bei allen Liedern aus dem Bereich der Popularmusik verwendet und sind Orientierung für Gitarre, Keyboard/Klavier und E-Bass, der aus den Akkordsymbolen den Grundton ersehen kann.

„Zwei von einander abweichende Schreibweisen gilt es hier zu beachten. Die eine kennzeichnet die Dur-Akkorde mit großen und Moll-Akkorde mit kleinen Buchstaben, die andere – und international maßgebliche – Harmonieschrift sieht nur große Buchstaben vor, wobei Moll-Dreiklänge mit einem hinzugefügten „m" (= minor) angezeigt werden." (Schweizer in: Opp 2001, S. 136)

---

[8] Zwar verwenden die „alten" Kirchenlieder mehr Harmonien, bzw. wechseln diese öfter, aber im NGL werden gerne modifizierte Dreiklänge oder Vielklänge verwendet, die vielen Kirchenmusikern nicht geläufig sind. (z.B. C6/9 oder a7+)

Ein weiterer Unterschied zwischen deutscher und internationaler Bezeichnung ist der B-Dur-Akkord. Wird er in deutschen Noten mit „B" angegeben, so lautet die internationale Schreibweise „Bb", da die internationale Tonleiter kein „H" kennt (C,D,E,F,G,A,*B*) sondern „B" dafür verwendet. Und dieses muss mit einem zusätzlichen „b" erniedrigt werden um „unser" B zu bekommen.

Sollen Vierklänge oder Vielklänge mit den Akkordsymbolen ausgedrückt werden, so fügt man eine Ziffer hochgestellt dem Buchstaben hinzu. (z.B. C^6, Dm^7; bei dem C-Dur-Dreiklang wird die Sexte (also das „a") hinzugenommen und bei dem D-Moll-Dreiklang die (kleine) Septime (also „c"))

Die „7" fordert immer die kleine Septime. Soll ein Intervall des Akkordes verändert werden (also erhöht oder erniedrigt), so wird das durch ein Kreuz (#) bzw. Pluszeichen (+) oder Be (b) bzw. Minuszeichen (-) hinter der Zahl angezeigt. (z.B. F^{5+}; hier wird bei dem F-Dur-Dreiklang die Quinte um einen Halbton erhöht, also zu „cis" statt „c"; manche Verlage geben das Zeichen auch vor der Zahl an).

Im internationalen Gebrauch ist zur Erhöhung der Septime das Wort „maj" beliebt. (maj = major) (z.B. C^{maj7})

Sollen zwei Töne dem Dreiklang hinzugefügt werden, schreibt man sie entweder übereinander oder mit einem Strich getrennt ($E^{7/9}$).

Ein „doppelt verminderter Septakkord" (kleine Terz, verminderte Quinte, verminderte Septime) wird durch einen hochgestellten Kreis bestimmt. (z.B. C^o entspricht C, Es, Ges, Bbb (A)).

Zur Illustration der gängigen Akkord-Symbole sollen die folgenden Aufzeichnungen beitragen:

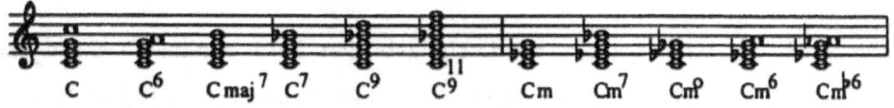

Abb. 14: Akkord-Symbole (aus: „Opp, Handbuch Kirchenmusik" 2001, S. 136)

Die Akkordsymbol-Schreibweise hat mittlerweile auch Eingang in die Regionalteile des Evangelischen Gesangbuchs, und in den Anhang zum Gotteslob der Katholischen Kirche gefunden.

7. Gesellschaftliche und kirchliche Reaktionen auf die neue Musik

Neuerungen stoßen immer auf Resonanz und Kritik, egal ob in Politik, Wirtschaft, Kunst, Wissenschaft oder Kirche. Das ist auch gut so, denn durch Kritik (sowohl positive als auch negative) wird mitgeteilt, wie eine Neuerung in der Gesellschaft bzw. bei der Bevölkerung wirkt und aufgenommen wird. Menschen geben ihre persönliche Meinung kund – z.B. durch Medien, Demonstrationen oder Podiumsdiskussionen – und jeder kann sich sein „eigenes Bild" von einer Neuerung machen. (Man denke hier z.B. an das Klonen von Zellen in der Medizin, wozu in jüngerer Zeit eine heftige Diskussion entbrannt ist, oder an den Ausbauplan des Frankfurter Flughafens, zu dem sich viele Bürgerinitiativen gegründet haben, um ihre Meinung dazu kund zu tun.)

Das Neue Geistliche Lied teilt das gleiche Schicksal: Seit der Verwendung von ersten Jazzliedern in Gottesdiensten, kam starke Kritik daran auf, ob man Popularmusik in der Kirche verwenden sollte. Es gab durchaus auch einige Leute, die sich in positiver Kritik übten, wie der Musikkritiker Hermann Kaiser Ende der 50er Jahre (vgl. Dalferth 2000, S. 165) aber heftige negative Reaktionen überwogen deutlich.

7.1 Die negative Kritik überwiegt

Als „Kitsch, lauer Abschaum moderner Reklamemethoden, primitiv, Gotteslästerung, Poesie für Gartenzwerge, Einbruch unterschwelliger Sexualität in die Kirche, miese Süßigkeit, kommunistische und nationalsozialistische Tonart und Musik für liturgische Playboys," (Hegele in: Juhre 1976, S. 25) wurde in den Medien das Siegerlied „Danke" des Tutzinger Preisausschreibens tituliert.

Die Hamburger Wochenzeitschrift „Die Zeit" befasste sich mit der neuen religiösen Musik in einem Artikel von Carola Eckert („Lobet den Herrn mit leichten Liedern" in: Die Zeit 37/1963, S. 38) Dort heißt es, dass „die Machart der Lieder an die Pseudo-Einfalt ehemaliger BDM-Lieder [Bund deutscher Mädchen] und heutiger Jugendlieder aus der Sowjetzone erinnere." Die Lieder wurden als „niveaulose Gebrauchsmusik" bezeichnet und bezweifelt, dass mit „leichter Musik" die missionarische Aufgabe des Evangeliums erfüllt werden könne.

Zehn Jahre später erklärte der Kardinal-Staatssekretär Jean Villot auf einem Nationalkongress für Kirchenmusik im Herbst 1973 in Genua: „Zu vermeiden und zu verhindern ist es, dass bei liturgischen Feiern profane Musikformen zugelassen werden; auszuschließen ist vor allem jene Musik, die durch ihren hektischen, aggressiven und lärmhaften Stil die ruhige Weihe des liturgischen Geschehens stört. Die Gläubigen sind zu beschützen vor einer Offensive des Krachs, des Kitsches und der Entsakralisierung und soll dementsprechend jene Kirchenmusik gefördert werden, die der Seele hilft sich zu Gott zu erheben." (zitiert aus: Scharnagel 1980, S. 162f).

Könnte man meinen, die negative Kritik hätte sich in den letzten 20 Jahren nivelliert, so überrascht doch eine Aussage von Peter Bares, Organist an der Kölner Kirche St. Peter in einer Sendung des Westdeutschen Rundfunks (Sendung „Mosaik", WDR 3) am 13. März 1995: „Sacropop (...) hat nichts Geistiges und nichts Geistliches. Man müsste die Leute eigentlich totschlagen" [!!!]

Die negative Kritik zieht sich bis in unsere Tage durch die Geschichte des NGL und die oben genannten Beispiele waren nur ein kleiner Ausschnitt aus den vielen Reaktionen. Handelte es sich hierbei noch um Meinungen von Privatpersonen, so gab es bereit 1965 den ersten „Kirchlichen Erlass" gegen die Verwendung von neuen Liedern im Gottesdienst.

Der Kölner Erzbischof Josef Kardinal Frings publizierte im Juni 1965 einen Erlass, in dem es heißt: „Spirituals und ähnliche Gesänge sowie schlager- und jazzähnliche Musik, wie sie heute vorliegen, erfüllen nicht die Forderungen, die an die Kirchenmusik zu stellen sind, und passen nicht zur heiligen Messe." (zitiert nach Dalferth 2000, S. 174) Dieser Verordnung folgten die Bischöfe von Freiburg, Paderborn und Würzburg und im Mai 1966 wurde in den Amtsblättern der einzelnen katholischen Diözesen Deutschlands ein Beschluss der Frühjahrskonferenz der deutschen Bischöfe veröffentlicht: „Solange die Liturgiefähigkeit einer Musik mit Jazz und jazzähnlichen Elemente noch ungeklärt ist, sind Experimente dieser Art für die Eucharistiefeier nicht gestattet." (Kölner Anzeiger 106, (1966) S. 185)

Viele Komponisten und Texter haben sich augrund dieses „Verbotes" zurückgezogen, und die Entwicklung christlicher Popularmusik verlagerte sich in den folgenden Jahren in den evangelischen und freikirchlichen Bereich. (Hier spielte z.B. der Evangeliumsrundfunk (ERF) in Wetzlar eine wichtige Rolle).

Trotzdem ließ sich die Entwicklung des NGL nicht unterdrücken, wie das Beispiel Peter Janssens zeigt, und zu jener „angedeuteten Klärung", die die Bischofskonferenz 1966 erwähnte, „ist es in ausdrücklicherweise nie gekommen. In der Praxis jedoch hat es erhebliche Veränderungen gegeben. Als erstmals zu einem Katholikentag 1982 in Düsseldorf ein Liederbuch herausgegeben wurde, fanden sich darin auch Neue Geistliche Lieder". (Hahnen 1998, S. 261)

Karl-Bernhardin Kropf fasst die negative Kritik über das NGL folgendermaßen zusammen: „Es lohnt sich, auf jene Warnungen einzugehen, welche davon handeln, dass die Einbeziehung von Pop-Musik in den christlichen Gottesdienst eine Profanierung der Liturgie zur Folge hat. Wer mit Pop-Musik ausschließlich das „sündhafte" der jungen Generation verbindet, für den ist eine Anwendung von Elemente der Pop-Musik Teufelswerk. Doch diese Warnungen sind so alt wie die Kirchenmusik selbst. Mit dem Einzug einer neuen musikalischen Entwicklung wurde sofort auf den Einzug des Unheiligen ins Heilige hingewiesen (...). Natürlich ist die Möglichkeit nicht zu bestreiten, durch gezielte Anleihen an gewissen musikalischen Schallereignissen in den jugendlichen Hörern Assoziationen mit Stimmungen und Orten zu wecken, welche eindeutig als unchristlich und gotteslästerlich zu bezeichnen wären [Welche mögen da gemeint sein?]. Diese Möglichkeit liegt in der Verantwortung der Kirchenmusiker, sie ist aber nicht auf die Popmusik beschränkt, sie ist mit nahezu jedem Musikstil möglich." (Kropf in: Musch 1994, S. 191)

7.2 Unterschiedliche Akzeptanz in der evangelischen und katholischen Kirche

Tendenziell lässt sich sagen, dass die Evangelische Kirche dem NGL offener entgegen trat, als die Katholische Kirche. Hört man immer mal wieder negative Kritiken über das NGL, so entspringen sie meist dem katholischen Lager. (siehe Äußerungen von Jean Villot und Peter Bares, Kap. 7.1)

Nach und nach hat sich jedoch die unterschiedliche Akzeptanz in beiden Kirchen nivelliert.

Entscheidende Impulse für eine höhere Akzeptanz in der Katholischen Kirche kamen dabei von den Gläubigen selbst und nicht von „oberer Stelle": Bei dem Abschlussgottesdienst zum Katholikentag 1980, kam es im Berliner Olympiastadion zu einem Eklat, als das spontane Singen von Neuen Geistlichen Liedern von der Gemeinde schließlich durch die vereinten Domchöre der deutschen Diözesen unterbrochen wurde und kurz darauf Joseph Kardinal Höffner erneut durch Singen der Gemeinde im Vortrag seines Schlussgebetes behindert wurde. Das offizielle Gottesdienstprogramm hatte die ungeliebten Neuen Geistlichen Lieder an keiner Stelle vorgesehen. (Vgl. Hahnen 1998, S. 260f)

Im Anschluss an den Katholikentag wurde viel über das Ereignis diskutiert und die Folge war die o.g. Ausgabe eines Liederbuchs mit NGL zum nächsten Katholikentag 1982 in Düsseldorf.

Das Bistum Limburg war schon – für katholische Maßstäbe – sehr früh der Pflege von neuen religiösen Liedern nachgegangen. 1971 wurde der Arbeitskreis „Kirchenmusik und Jugendseelsorge im Bistum Limburg" (Limburg/Frankfurt) gegründet, den anfänglich Bernhard Glaßner, später Winfried Heurich leitete und bei dem seit 2000 Peter Reulein Geschäftsführer ist.

Aus dem Umfeld dieses Arbeitskreises entstanden ein Unmenge an Neuen Geistlichen Liedern, die qualitativ sehr hochwertig sind und Zeitgeschehen verarbeiten.

Die Möglichkeit für die Schaffung eines solchen Arbeitskreises, der nicht der einzige in Deutschland ist (z.B. Arbeitskreis „SINGLES" der Diözese Köln), lag im „2. Vatikanischen Konzil" begründet.

Das Konzil (1962-1965 in Rom/Vatikan) verabschiedete 1963 eine Liturgiereform, in der der Kirchenmusik der Auftrag zugesprochen wird, „notwendiger und integrierender Bestandteil der feierlichen Liturgie" zu sein. Zwar wurde der Gregorianische Choral als „der römischen Liturgie eigener Gesang" untermauert, seit 1963 sind aber auch „andere Arten der Kirchenmusik (...) für die Feier der Liturgie keineswegs mehr ausgeschlossen, wenn sie dem Geist der Liturgie entsprechen." (Schmidt-Lauber 1995, S. 523)

Aufgrund dieser Aussage ist das o.g. Verbot der „neuen religiösen Musik" durch die deutschen Bischöfe verwunderlich.

Das Konzil tat einen richtigen Schritt in die richtige Richtung, wenn es verkündete, den Volksgesang ausdrücklich für liturgische Handlungen vorzusehen und nicht, wie vor dem Konzil üblich war, nur zur Ausschmückung des Gottesdienstes. (Vgl. Hahnen 1998, S. 233)

Ein wichtiges Publikationsmedium, der „Kirchentag/Katholikentag" öffnete sich auf evangelischer Seite früher dem NGL als auf katholischer. So war das „neue" Liedgut schon in den 80er Jahren selbstverständlicher Bestandteil der Kirchentage, während sich die Katholische Kirche erst nach und nach mit dem Liedgut anfreunden konnte. (Bei dem Katholikentag 1990 in Berlin enthielt das Liederbuch dann schließlich fast nur noch NG-Lieder).

Auch bei der Einführung von Neuen Geistlichen Liedern in das offizielle Gesangbuch der jeweiligen Kirchen, zog die Katholische Kirche sehr verspätet der Evangelischen nach:

Bereits 1994 wurde ein komplett überarbeitetes Gesangbuch (EG) in der Evangelischen Kirche eingeführt, dessen Stammteil bei 535 Liedern immerhin 127 Lieder enthält, die nach 1955 geschrieben wurden und somit als NGL bezeichnet werden können. Die jeweiligen Regionalteile der einzelnen Landeskirchen weisen noch ein weit größeres Repertoire an NGL auf. (Der Regionalteil für Hessen-Nassau/Kurhessen-Waldeck enthält 91 Neue Geistliche Lieder von 116 Liedern insgesamt. = ca. 78%).

Die Katholische Kirche erweiterte 1998 ihr Gesangbuch „Gotteslob" um einen Anhang, bestehend aus 63 Liedern. Der größte Teil davon ist NGL. Allerdings ist das Gotteslob auch erst 1975 herausgebracht worden und damit erheblich jünger, als das alte Evangelische Kirchengesangbuch von 1950. Schon 1975 wurden einige Lieder aufgenommen, die nach 1955 entstanden sind. (z.B. von Huub Oosterhuis, vgl. Kap. 4.2.3)

Dem Unterschied zwischen ganz neuem Gesangbuch (evangelisch) und lediglich einem Zusatzanhang (katholisch) ist es wohl auch zu verdanken, dass bei der Einführung des EG eine riesige Publikationsveranstaltung in der Frankfurter Festhalle (16.10.1994) stattfand, die großes öffentliches Interesse genoss, während der Anhang zum Gotteslob sich bis heute noch nicht in allen Gemeinden durchgesetzt hat – ja noch nicht einmal überall bekannt ist.

7.3 „Was lange währt wird endlich gut"

Jede Neuerung verliert nach einer gewissen Zeit an Reibungsfläche, weil die Diskussionen totgelaufen sind, oder weil sich nach und nach eine gewisse Toleranz und sogar Akzeptanz gegenüber dem „Neuen" ergibt.

Als ich selbst vor rund 10 Jahren anfing Sacro-Pop zu praktizieren, war die Resonanz nach Gottesdiensten häufig negativ („zu laute Musik", „alle Lieder sind zu schnell, man kann gar nicht mitsingen", „Rockmusik in der Kirche ist schrecklich", „ein Schlagzeug passt doch nicht in die Kirche", usw.), aber diese Kritik wurde im Lauf der Zeit immer seltener und es passiert durchaus, dass auch ältere Leute nach dem Gottesdienst kommen und sagen, wie gut die Musik ihnen gefallen hätte.

Ist unsere Musik einfach besser geworden?

Das mag vielleicht ein stückweit stimmen, aber es dürfte nicht die Ursache für den Geschmackswandel bei der Gemeinde begründet haben. Vielmehr ist seit Mitte der 90er Jahre eine allgemeine Akzeptanz des NGL zu beobachten.

Eugen Eckert schreibt hierzu: „Seit einigen Jahren beobachte ich, dass die Kontroverse [um das NGL] an Schärfe verloren hat. Meines Erachtens hängt das zum einen mit den vielen guten Neuen Geistlichen Liedern zusammen, die es inzwischen gibt. Auch vormals eher skeptische Experten bestätigen, dass mit den Jahren zunehmend eine tragfähige Botschaft, sprachliches Niveau und gelungenes musikalisches Handwerk zusammengetroffen sind und die Menschen auch erreicht haben. (...) Andererseits haben die Kirchen seit geraumer Zeit auch begonnen, die Entwicklung des NGL zu unterstützen." (Eckert in: Dehm 2001, S. 109)

Die Leute haben sich an die neue Musik im Gottesdienst gewöhnt, und mir sind Gemeinden bekannt, die *nur noch* NGL singen und herkömmliche Lieder ganz aus der Kirche verbannt haben – das eine mag so wenig wünschenswert wie das andere sein – aber die Offenheit für neue Lieder ist auf alle Fälle in den letzten 10 Jahren erheblich gewachsen.

Während des Papstbesuches (Johannes Paul II.) im Sommer 1996 in Deutschland, konnte man Beobachtungen zur offensichtlich sanktionierten kirchenmusikalischen Gestaltung seitens der Verantwortlichen der Katholischen Kirche machen. Während des Gottesdienstes am 22. Juni 1996 wurde auf der Paderborner „Senne" zur Gabenbereitung der Kehrvers „Herr wir bringen in Brot und Wein" (Janssens) gesungen.

Im Sonntagsgottesdienst mit dem Papst, am 23. Juni 1996 im Berliner Olympiastadion, erklangen die Lieder „Singt dem Herrn alle Völker und Rassen" (Janssens), „Kommt herbei, singt dem Herrn" (Zils/Melodie aus Israel), und „Im Jubel ernten". Das Lied „In deinen Toren will ich stehen" (Heuser/Melodie aus Israel) wurde sogar u.a. mit Schlagzeug und Saxophon begleitet. (Vgl. Hahnen 1998, S. 262f)

Und bei einem Sendungsgottesdienst am 2. September 2000 im Mainzer Dom, nickte Kardinal Karl Lehmann der Band, die den Gottesdienst musikalisch mit

NG-Liedern wie „Gloria, Ehre sei Gott", „Wenn wir das Leben teilen" und „Alle meine Quellen entspringen in Dir" gestalteten, freundlich dankend beim Auszug zu.

In der evangelischen Kirche gibt es seit knapp zehn Jahren auch eine Reihe von sogenannten „Pop-Kantoren", die hauptamtlich von der Kirche angestellt sind und dazu beitragen sollen, den vielen kirchlichen Bands und jugendlichen Chören zu möglichst niveauvollem Umgang mit populärer geistiger Musik zu verhelfen. (Vgl. Eckert in: Dehm 2001, S. 109)

Diese Beispiele sind nur drei von vielen, die zu nennen wären, dass die neue Musik Akzeptanz bei den Verantwortlichen in der katholischen und evangelischen Kirche gefunden hat und eine Aussage, wie jene von Kardinal-Staatssekretär Jean Villot, heute nicht mehr zu erwarten ist.

8. Akzeptanz von verschiedenen Musikstilen bei der deklarierten NGL – Zielgruppe „Jugend"

Ein wichtiges Argument für die Befürworter des Neuen Geistlichen Liedes, ist die Überlegung, mit dieser Musik Jugendliche zu motivieren, die Gottesdienste zu besuchen.

Ein sogenannter „Jugendgottesdienst" oder eine „Jugendmesse" enthält demnach immer Neues Geistliches Lied als Musikform, um dadurch die Messfeier für Jugendliche attraktiv zu machen, denn es herrscht seit Jahren ein Schwund bei jungen Gottesdienstbesuchern, und das Durchschnittsalter einer „typischen" sonntäglichen Gemeinde (egal ob evangelisch oder katholisch) liegt etwa bei 55-60 Jahren.

Es muss also etwas getan werden, um die jungen Leute für den Gottesdienst zu begeistern, und die Losung heißt NGL.

Wenn man aber einmal jene „Jugendmessen" besucht (sie werden in vielen Gemeinden regelmäßig im Wochen- oder Monatszyklus angeboten), stellt man fest, dass die heutige „Jugend" in der Kirche wohl eher die 25- bis 40jährigen Gläubigen sind.

Die eigentliche Jugend (von 13 bis etwa 20 Jahren) „verhält sich sehr kritisch gegenüber jedem Versuch, sie in die Kirche zu „ziehen". Wenn jemand Popmusik in der Kirche macht, um mit diesem Anziehungsmittel Jugendliche zu gewinnen, erwarten jene Jugendlichen, die zunächst wegen der Popmusik und nicht wegen der „Kirche" kommen, auch jene Qualität, die ihnen von Pop-Konzerten oder Tonträgern vertraut ist" (Kropf in: Musch 1994, S. 190)

Wenn diese Aussage schon 1994 zutreffend, war, so ist sie das im Jahre 2001 umso mehr.

Die „neue" Musik ist zum Standart in der Kirche geworden, und „diejenigen, die [zum Jugendgottesdienst] kommen, sind zwischen 30 und 40 Jahre alt, weil das „ihre" Musik der

70er und 80er Jahre war." (Kaplan Christoph Werner, St. Ludwig, Darmstadt, nach einem Regional-Jugendgottesdienst am 17.12.2000 dem Autor gegenüber).

8.1 Versuch einer Evaluierung

Jens-Erik Paul, Mitarbeiter von dem „Netzwerk für Popularmusik in der Kirche (NEPOMUK)" (vgl. www.nepomuk.de) versuchte 1999 eine Evaluierung durchzuführen, welchen Musikstil Jugendliche in der Kirche bevorzugen oder wünschen.

Als Testfeld wurden sieben Jugend- und Konfirmandengruppen mit insgesamt 92 Probanten aus den Städten Gleidingen und Össelse befragt (Alter ca. 14-16 Jahre).

Hier sollen die Ergebnisse der Evakuierung vorgestellt werden und anschließend interpretiert werden.

Die Untersuchung erhebt nicht den Anspruch der absoluten Übertragbarkeit der Ergebnisse auf alle Jugendlichen in Deutschland, kann aber ein Meinungsbild und eine tendenzielle Richtung vorgeben.

Alle Auswertungen sind bei NEPOMUK im Internet veröffentlicht (a.a.O.).

8.2 Umfrage bei Jugendlichen mehrerer Konfirmandengruppen

„In dieser Umfrage ging es darum, welche Musik nach Meinung der Konfirmanden und Konfirmandinnen in die Kirche gehört bzw. passt.

Den Teilnehmern an der Umfrage wurde ein Bewertungsbogen gegeben, auf dem jedes der 10 unten aufgeführten Musikstücke verzeichnet war, dazu eine Bewertungsskala von +3 über 0 bis -3. Die Teilnehmer sollten die einzelnen Stücke anhören und dann anhand der Skala bewerten. Was ihrer Meinung nach richtig gut in die Kirche gehört bzw. passt sollte mit +3, was ihrer Meinung nach absolut nicht in die Kirche passt mit -3 bewertet werden. Die Null stand für „ich kann mich nicht entscheiden", die Bereiche dazwischen (+2, +1, -1, -2) für genauere Bewertungen.

Es wurde daraufhin gewiesen, dass es um eine eigene, private Bewertung geht, nicht darum, „das Ergebnis des Nachbarn auf dem eigenen Zettel stehen zu haben". Auch wurde deutlich gemacht, dass es kein richtig oder falsch gibt. Die Bogen sollten anonym abgegeben werden." (Paul 1999 a.a.O.)

Es wurden folgende Musikstücke ausgewählt:

1. **Toccata und Fuge d-moll**, J. S. Bach, gespielt von M. Pech, von der CD „Hört, Hört – Highlights der Walsroder Kantorei – Leitung: Matthias Pech", Bezugsadresse: Ev. Kantorei Walsrode, Track 1

   Es ist „das" klassische Orgelstück, es wird in sehr vielen Filmen benutzt, wenn Orgelmusik zu hören sein soll.

2. **Oh happy day**, Gospel, gesungen vom Kum-Ba-Yah-Spiritual-Chor von der CD „Shout amen", Bezugsadresse: A. Weiche, Dierkskamp 13, 31535 Neustadt, Track 11

   Dieser Gospel wurde in Anlehnung an die Musik des Filmes „Sister Act" ausgewählt. Der Film ist auch noch präsent bei den Jugendlichen. Es handelt sich um eine a-cappela-Version des Liedes.

3. **Sonne der Gerechtigkeit**, gespielt vom Bläserkreis Bochum, von der CD „Der Himmel geht über allen auf – 50 Jahre Kirchentagslieder von 1949 bis 1999", Bezugsadresse: Evangelisches Medienhaus GmbH, Stuttgart, Track 2

   Das Stück sollte die Posaunenmusik darstellen, denn das Stück wird „klassisch" vom Bläserkreis gespielt: Vorspiel, dann eine Strophe.

4. **Gott unter uns**, S. Simon, K. Schliep, gespielt von der Band „Aussensaiter", von der CD „...weil wir es wert sind – Kampagne 98 der evangelischen Jugend", Bezugsadresse: AG Musik in der ev. Jugend in der Ev.-luth. Landeskirche Hannovers, Track 6

   Dies ist ebenfalls ein a-cappella-Stück: es handelt sich um einen Kanon.

5. **Nobody knows**, Spiritual, gespielt von der Gruppe Snubnose, von der CD „second-hand", Bezugsadresse: Pila Music, 72135 Dettenhausen

   Es wurde bewusst als „Schocker" ausgewählt: Dieses klassische Spiritual wird hier von einer Punk/Grunge-Band interpretiert.

6. **Fürchte Dich nicht**, F. Baltruweit, gesungen vom Kammerchor der Hochschule für Kirchenmusik Esslingen, von der CD „Der Himmel geht über allen auf – 50 Jahre Kirchentagslieder von 1949 bis 1999", Bezugsadresse: Evangelisches Medienhaus GmbH, Stuttgart, Track 17

Hier wird dargestellt, was man aus neueren Liedern auch machen kann: das Lied (1980) hier als Choral gesungen (teilweise mit leichter Posaunenunterstützung).

7. **Halleluja**, G. F. Händel, gesungen von der Kantorei Walsrode, von der CD „Hört, Hört – Highlights der Walsroder Kantorei – Leitung: Matthias Pech", Bezugsadresse: Ev. Kantorei Walsrode, Track 2

   Dieses Stück ist ähnlich, aber doch anders: Ein ebenfalls bekanntes Stück wird in großer Aufführung von einem großen Chor mit Orchester interpretiert.

8. **Sortie**, L. A. J. Léfébure-Wély, gespielt von M. Pech, von der CD „Hört, Hört – Highlights der Walsroder Kantorei – Leitung: Matthias Pech", Bezugsadresse: Ev. Kantorei Walsrode, Track 14

   Sortie ist ein etwas „anderes" Orgelstück: Es klingt nach Drehorgel, nach Leichtigkeit.

9. **Herr, deine Liebe** (kleine Freiheit), gespielt von Fom, von der CD „Herr, deine Liebe", Track 2

   Dieses Stück reißt die Hörer wieder in eine neue Welt: Das Lied „Herr, deine Liebe" wird hier im Technostil dargeboten, ist nur noch entfernt zu erkennen.

10. **Auf dem Weg der Gerechtigkeit ist Leben**, C. Bittlinger, gesungen von C. Bittlinger, von der CD „Der Himmel geht über allen auf – 50 Jahre Kirchentagslieder von 1949 bis 1999", Bezugsadresse: Evangelisches Medienhaus GmbH, Stuttgart, Track 25

    Dies schließlich steht für die, inzwischen in „Kirche" allgegenwärtige, Stilrichtung „Sacro-Pop". Der Song des Leipziger Kirchentages sollte zum Schluss noch mal das „Normale" andeuten.

Einige der o.g. Lieder stehen im Anhang zur Verfügung.

Jede getrennt befragte Gruppe wurde einzeln ausgewertet. Dazu wurden zunächst die absoluten Werte für die jeweiligen Stücke ermittelt, indem die Bewertungen pro Stück aufaddiert wurden. Eine Teilung der absoluten Werte durch die Anzahl der Teilnehmenden, ergab somit den Quotienten. Durch diesen

Quotienten können die Ergebnisse trotz unterschiedlicher Gruppengröße (zwischen 7 und 21) verglichen werden.

Nach 50 befragten Personen wurde eine Zwischensumme gezogen, nach 92 Personen eine Endauswertung vorgenommen. Die Reihenfolge hat sich dazwischen auf den ersten Plätzen noch verschoben. Rangierte „Oh happy day" bei den ersten 4 Befragungen noch unangefochten auf Platz 1, so rangiert es am Ende der Auswertung auf Platz 2. Platz 1 nimmt das „Halleluja" aus dem Oratorium von Händel ein.

Die Reihenfolge der Bewertung im Einzelnen:

1. „Halleluja" aus „Messias" von Georg Friedrich Händel
2. Oh happy day, Spiritual
3. Herr Deine Liebe, Techno-Version
4. Fürchte dich nicht, NGL von einem Chor gesungen
5. „Nobody knows", Spiritual als Punk-Version
6. Toccata und Fuge d-Moll von Johann Sebastian Bach
7. Gott unter uns, NGL-Kanon
8. Auf dem Weg der Gerechtigkeit ist Leben, Sacro-Pop
9. „Sortie", Orgelstück von Léfébure-Wély
10. Sonne der Gerechtigkeit, herkömmliches Kirchenlied als Posaunenstück

Die Ergebnisse der Testgruppen, differenziert nach Einzelgruppen und Gesamtauswertung:

JG Mittwoch Gleidingen	Anzahl der TeilnehmerInnen	9	
	Absolute Werte	Rang	Quotient
Toccata und fuge d-moll	-7	9	-0,78
Oh happy day	26	1	2,89
Sonne der Gerechtigkeit	-16	10	-1,78
Gott unter uns	8	6	0,89
Nobody knows	16	5	1,78

Fürchte dich nicht	6	7	0,67
Halleluja	20	3	2,22
Sortie	-4	8	-0,44
Herr, deine Liebe (kleine Freiheit)	21	2	2,33
Auf dem Weg der Gerechtigkeit ist Leben	20	3	2,22

Konfirmanden Oesselse	Anzahl der TeilnehmerInnen	13	
	Absolute Werte	Rang	Quotient
Toccata und fuge d-moll	26	2	2,0
Oh happy day	29	1	2,23
Sonne der Gerechtigkeit	-10	9	-0,77
Gott unter uns	-15	10	-1,15
Nobody knows	15	4	1,15
Fürchte dich nicht	-8	8	-0,62
Halleluja	10	5	0,77
Sortie	9	6	0,69
Herr, deine Liebe	26	2	2,0
Auf dem Weg	2	7	0,15

Konfirmanden Gleidingen I	Anzahl der TeilnehmerInnen	13	
	Absolute Werte	Rang	Quotient
Toccata und fuge d-moll	-9	8	-0,69
Oh happy day	31	1	2,38
Sonne der Gerechtigkeit	-15	9	-1,15
Gott unter uns	8	6	0,62

Nobody knows	12	5	0,92
Fürchte dich nicht	16	4	1,23
Halleluja	27	2	2,08
Sortie	-20	10	-1,54
Herr, deine Liebe	18	3	1,38
Auf dem Weg der Gerechtigkeit ist Leben	-4	7	-0,31

Konfirmanden Gleidingen II	Anzahl der TeilnehmerInnen	15	
	Absolute Werte	Rang	Quotient
Toccata und fuge d-moll	-15	7	-1,0
Oh happy day	27	1	1,8
Sonne der Gerechtigkeit	-27	9	-1,8
Gott unter uns	-6	6	-0,4
Nobody knows	9	4	0,6
Fürchte dich nicht	9	4	0,6
Halleluja	19	3	1,27
Sortie	-18	8	-1,2
Herr, deine Liebe	23	2	1,53
Auf dem Weg der Gerechtigkeit	-29	10	-1,93

Vorkonfirmanden Gleidingen	Anzahl der TeilnehmerInnen	21	
	Absolute Werte	Rang	Quotient
Toccata und fuge d-moll	19	3	0,9
Oh happy day	14	4	0,67

Sonne der Gerechtigkeit	-11	8	-0,52
Gott unter uns	1	6	0,05
Nobody knows	-13	9	-0,62
Fürchte dich nicht	31	1	1,48
Halleluja	28	2	1,33
Sortie	-5	7	-0,24
Herr, deine Liebe (kleine Freiheit)	8	5	0,38
Auf dem Weg der Gerechtigkeit ist Leben	-16	10	-0,76

Vorkonfirmanden Oesselse I	Anzahl der TeilnehmerInnen	7	
	Absolute Werte	Rang	Quotient
Toccata und fuge d-moll	5	5	0,71
Oh happy day	-10	9	-1,43
Sonne der Gerechtigkeit	7	4	1,0
Gott unter uns	8	3	1,14
Nobody knows	-5	8	-0,71
Fürchte dich nicht	9	2	1,29
Halleluja	18	1	2,57
Sortie	-11	10	-1,57
Herr, deine Liebe (kleine Freiheit)	-2	6	-0,29
Auf dem Weg der Gerechtigkeit ist Leben	-4	7	-0,57

Vorkonfirmanden Oesselse II	Anzahl der TeilnehmerInnen	14	
	Absolute Werte	Rang	Quotient
Toccata und fuge d-moll	-8	10	-0,57
Oh happy day	30	3	2,14
Sonne der Gerechtigkeit	1	9	0,07
Gott unter uns	4	8	0,29
Nobody knows	7	4	0,5
Fürchte dich nicht	32	2	2,29
Halleluja	39	1	2,79
Sortie	6	5	0,43
Herr, deine Liebe (kleine Freiheit)	5	7	0,36
Auf dem Weg der Gerechtigkeit ist Leben	6	5	0,43

Zwischenergebnis nach 50 Befragungen	Anzahl der TeilnehmerInnen	50	
	Absolute Werte	Rang	Quotient
Toccata und fuge d-moll	-5	6	-0,10
Oh happy day	113	1	2,26
Sonne der Gerechtigkeit	-68	10	-1,36
Gott unter uns	-5	7	-0,10
Nobody knows	52	4	1,04
Fürchte dich nicht	23	5	0,46
Halleluja	76	3	1,52
Sortie	-33	9	-0,66
Herr, deine Liebe (kleine Freiheit)	88	2	1,76
Auf dem Weg der Gerechtigkeit ist Leben	-11	8	-0,22

Gesamtergebnis	Anzahl der TeilnehmerInnen	92	
	Absolute Werte	Rang	Quotient
Toccata und fuge d-moll	11	6	0,12
Oh happy day	147	2	1,6
Sonne der Gerechtigkeit	-71	10	-0,77
Gott unter uns	8	7	0,09
Nobody knows	41	5	0,45
Fürchte dich nicht	95	4	1,03
Halleluja	161	1	1,75
Sortie	-43	9	-0,47
Herr, deine Liebe (kleine Freiheit)	99	3	1,08
Auf dem Weg der Gerechtigkeit ist Leben	-25	8	-0,27

Was sagt diese Umfrage über den Musikwunsch von Jugendlichen in der Kirche aus?

Es mag auffallen, dass das „klassische" Stück „Halleluja" so beliebt bei den Jugendlichen ist.

Die „alte" Musik ist demnach nicht als durchweg „out" zu betrachten, sondern es wird zwischen den einzelnen Werken selektiert. Bei dem „Halleluja" kommt wohl hinzu, dass es auch durch die Medien sehr bekannt ist, da es gerne für Werbungen (z.B. Opel) verwendet, und in Filmen gespielt wird.

„Oh happy day" ist ein gutes Beispiel für die, nach wie vor große Beliebtheit von Gospels. Es war in vielen der sieben Testgruppen auf Platz 1. Gospels scheinen jede Altersstufe anzusprechen, egal ob sie im Musikunterricht einer 9. Klasse gesungen werden (Mathildenschule Offenbach, Praktikum 1999), auf einem Gospelkonzert von ca. 30-50jährigen Sängern und Sängerinnen (Musical

„Hope") oder in der Kirche von der gemischten Gemeinde. Die Musik belebt, lädt zum Mitsingen ein und ist nicht schwer zu lernen.

Großer Beliebtheit erfreute sich das, zum Techno umgewandelte Lied „Herr Deine Liebe". Das ist eine ganz wichtige Erkenntnis, denn bisher scheuen sich die Kirchen – nicht ganz unberechtigt – davor, Techno zu integrieren. (Siehe Kap. 11.1) Bei Jugendlichen scheint er aber auch in Form von „Sacro-Techno" beliebt zu sein und wird als „kirchentauglich" erachtet.

Zu beachten ist jedoch, dass es den Jugendlichen – wie bei „Herr Deine Liebe" zu sehen ist – in erster Linie auf die Musikform ankommt und keineswegs auf die Botschaft oder den Text der Lieder. Auch eine bekannte Toccata und Fuge (bekanntlich ohne Text) findet Zustimmung (s.u.) während unbekannte Orgelmusik (Sortie, s.u.) auf Ablehnung stößt.

„Wenn die Jugendlichen in ihrer Freizeit Techno und Hip Hop hören, dann mögen sie auch christliche Songs in diesem Musikstil. Die textliche Aussage ist dabei aber eher Nebensache." (Sabine Simon, Arbeitskreis Musik der Ev. Kirche Hannover, Telefongespräch am 25.10.2001)

„Fürchte dich nicht" ist, ähnlich wie das bekanntere Lied „Selig seid ihr" von Janssens, ein ruhiger Gesang für vier Stimmen, aber von Melodie, Rhythmik und Text eindeutig als NGL zu bezeichnen. Es widerspricht sich für die Jugendlichen nicht, Chorgesang mit NGL zu verbinden. Er wird von ihnen sogar als ziemlich passend bewertet, was die Platzierung (4) zeigt.

„Nobody knows" ist zwar ebenfalls ein Gospel, wie „Oh happy day", hat aber weit schlechter abgeschnitten. Nirgends reichten die Punkte für eine bessere Bewertung als Platz vier. Das liegt wohl nicht an dem Lied selbst, sondern eher an dem Arrangement bzw. der Umgestaltung in eine Punkversion. Gospel sind, so wie sie sind, beliebt und gut. Warum sollten sie aufwendig umgestaltet werden. Was sich bewährt hat, sollte man zumindest für die Gottesdienste so lassen, wie es ist.

In der weltlichen, populären Musik finden neuartige Gospel-Arrangements mehr Anklang, wie in jüngster Zeit der große Erfolg des Liedes „Kumba Ya my Lord" von Guano Apes, das zum Musikstil „Cross Over" (oder auch Punk) arrangiert und verändert wurde und sich 2001 mehrere Wochen in den deutschen Charts hielt, zeigt.

Die „Toccata und Fuge d-moll" rangiert auf Platz 6. Schaut man sich die einzelnen Positionen an, so wurde das Stück sehr unterschiedlich bewertet: Ränge zwischen Platz 2 und Platz 10 zeigen, dass dieses Stück zwar in die Kirche gehören sollte, aber Orgelmusik, mag sie noch so bekannt sein, von Jugendlichen ganz verschieden empfunden wird. Die weitergehende Frage lautet: Ist es dann noch sinnvoll, Gottesdienste in Zukunft mit der Orgel zu gestalten, oder hat das Instrument irgendwann in den folgenden Generationen ausgedient? (Siehe auch Statistik in Kapitel 10)

Kanons, wie hier „Gott unter uns", begleiten einen von Kindesbeinen an. Sie entwickeln eine Polyphonie, ohne dass man verschiedene Stimmen lernen müsste. Das ist bestimmt ein Anreiz und sollte auch in der Kirche nicht fehlen.

Besonders überrascht die Platzierung des typischen Sacro-Pop-Liedes „Auf dem Weg der Gerechtigkeit ins Leben", das Titellied des Kirchentags 1997 war. Mit dem achten Platz, schneidet diese Musikrichtung, die von den meisten Bands des NGL (siehe Kap. 8.3.) gespielt und in vielen Gemeinden praktiziert wird, ungewöhnlich schlecht ab. Der Musikstil ist in der Tat bei den meisten NG-Liedern, Rock- und Popmusik der 70er und 80er Jahre, wie schon öfter deutlich wurde, aber diese Platzierung belegt, dass die führende Musikrichtung im Neuen Geistlichen Lied, die Jugend nicht mehr anspricht.

Das recht unbekannte Orgelstück „Sortie" liegt, fast erwartungsgemäß, abgeschlagen auf dem vorletzten Platz. Orgelmusik scheint nicht sehr beliebt zu sein, aber noch akzeptiert zu werden, wenn sie wenigstens durch außerkirchliche Anlässe bekannt ist, wie die Toccata und Fuge in d-Moll. Handelst es sich aber um gänzlich unbekannte Orgelstücke, sind diese bei den Jugendlichen nicht erwünscht.

Bedenken erwecken sollte auch der letzte Platz: Das herkömmliches Kirchenlied „Sonne der Gerechtigkeit" von 1566 – in den Gesangbüchern der katholischen und evangelischen Kirche beheimatet – belegt mit Bläserbegleitung, auch in der Gruppenwertung, fast immer einen der letzten Plätze. Die Frage ist, ob dies an dem Lied selbst liegt oder an der Darbietung mit Posaunen. Hieran müsste bei einer fortführenden Untersuchung angeknüpft werden.

Schlussfolgernd lässt sich anhand dieser Evaluierung sagen, dass das praktizierte Liedgut des Gottesdienstes nicht mit den Wünschen der Jugendlichen von heute übereinstimmt. Weder „alte" Kirchenlieder noch Sacro-Pop scheinen zum Gottesdienstbesuch zu motivieren. Eher müssten – laut dieser Befragung – mehr

Gospels und NGL-Chorgesänge oder progressive Formen wie Techno oder Punk in der Messfeier Einzug halten. (Bei letzteren beiden besteht allerdings die Frage, ob mit dem Wunsch nach Musikstilen, die die Jugendlichen auch zu Hause hören, der Gottesdienst nicht zu einem Konzert degradiert würde.)

Diese Aussage lässt sich aber nur bedingt verallgemeinern, denn wenn das Spektrum an Bands und Jugendchören in Deutschland betrachtet wird, welche NGL singen und spielen, stößt man auf eine große Anzahl von Jugendlichen, die selbst Sacro-Pop bzw. NGL chorisch oder als Musikgruppe praktizieren.

8.3 Verbreitung durch Bands und Chöre

Das Neue Geistliche Lied hat sich mittlerweile in den christlichen Kirchengemeinden so sehr gefestigt, dass es zu einer Art Imageprägung geworden ist, eine eigene Sacro-Pop-Band, einen Jugendchor oder eine Kinderschola – nach Möglichkeit alle drei Formationen auf einmal – in der Gemeinde beheimatet zu haben.

Wie schon erwähnt, gibt es bereits Gemeinden, die fast ausschließlich NGL im Gottesdienst singen. Es besteht also nicht mehr die Frage, ob das NGL als Kirchenmusikform akzeptiert ist, sondern eher die Frage, wie verbreitet es ist.

Ein regionales Beispiel soll das verdeutlichen:

1993 veröffentlichte der BDKJ der Diözese Mainz (Mainz), die Katholische Fachstelle für Gestaltung (Wiesbaden) und das Evangelische Amt für Kirchenmusik (Frankfurt) ein Band- und Jugendchorverzeichnis der „Region" (Evangelische Kirche in Hessen und Nassau, Bistümer Limburg und Mainz), wie es im Titel heißt. („Bands + Jugendchöre der Region") Dort waren 107 Eintragungen zu finden, von Dillenburg und Giessen (Mittelhessen) bis Heppenheim (Südhessen) und von Alzey (Rheinland-Pfalz) bis Seligenstadt („Grenze" zu Bayern).

Unter den 107 Eintragungen waren 58 Sacro-Pop-Bands, 34 Bands mit Chören und nur 14 reine NGL-Chöre (plus ein NGL-Duo). Bands sind demnach die häufigsten Formationen im NGL.

Im Februar 1999 publizierte der Arbeitskreis „Kirchenmusik im Bistum Limburg" ein Folgeverzeichnis („Band- und Jugendchorverzeichnis"), das – mehr oder weniger beschränkt auf die Diözese Limburg – 90 Eintragungen von NGL-Chören und Bands enthält.

Aufgrund des verminderten Erfassungsgebietes zeigt das Verzeichnis einen prozentualen Zuwachs an Formationen.

Das NGL floriert in den Gemeinden, wenngleich die verwendeten Lieder immer weniger erneuert werden und viel Liedgut aus dem „NGL-Boom" (70er/80er Jahre) dargebracht wird und die „Jugend" damit nicht mehr angesprochen wird, obwohl sie es selbst in Chören und Bands praktizieren.

Nicht zu vergessen ist die, immer öfter zu beobachtende Verwendung der Orgel für das NGL, wenn keine Bands oder Chöre verfügbar sind (vgl. Kap. 9.2.1). Für die Neuen Geistlichen Lieder, die ins Evangelische Gesangbuch und in den Anhang zum Gotteslob aufgenommen wurden, existieren mittlerweile „klassische" Orgelsätze. Auch durch dieses Medium erlangt das NGL Verbreitung in den deutschen Kirchengemeinden.

Es dürfte heutzutage keine Gemeinde mehr geben, die noch nie etwas von dem Neuen Geistlichen Lied gehört hat, und jede singt bestimmt – vielleicht auch unbewusst – das eine oder andere „moderne" religiöse Lied.

9. Performance-Möglichkeiten des Neuen Geistlichen Liedes

Jeder Musiker stellt sich bei seinen Konzerten oder Aufführungen die Frage, wo und wie die Präsentation stattfinden soll. Denn nicht nur der musikalische und textliche Inhalt bestimmen den Erfolg, sondern auch die Darbietungsform und das Arrangement der Musik.

Ein Lied der Rolling Stones wirkt auf der Violine gespielt, wohl ebenso ungewohnt, wie ein Techno-Song, der in der Oper zwischen zwei klassische Stücke eingeschoben wird. Bekanntlich beruht das Musikempfinden auf Hörgewohnheiten, die uns von Kindestagen an begleiten. Aber gerade deswegen wird an jede Musikart eine gewisse Erwartung gestellt:

Eine Erwartung bezüglich Aufführung und Arrangement.

In den folgenden zwei Kapiteln werden Möglichkeiten aufgezeigt, wie das Neue Geistliche Lied präsentiert und instrumentiert werden kann.

9.1 Differenziert nach Aufführungsorten

Der wichtigste Einsatzort für das NGL ist der *Gottesdienst*, denn die, in Liedform geschriebene religiöse Musik, zielt auf eine Beteiligung der Gemeinde hin, wie schon in vorherigen Kapiteln erwähnt wurde (z.B. Kapitel 3).

Das Neue Geistliche Lied als „moderne Kirchenmusik" ist Gottesdienstmusik und hat dort seinen primären Platz. (Gerade Gesänge zum Gloria, Kyrie oder Sanctus sind speziell für den katholischen Gottesdienst komponiert.)

Peter Deckert weist darauf hin, dass es aber bei der täglichen oder wöchentlichen Darbietung von NGL im Gottesdienst, viele kleine Praxisprobleme gibt, die bedacht werden sollten:

1. Es besteht eine Mindestanforderung an das Können der Jugendbands- und chöre
2. Akustisch-technische Probleme beeinflussen entscheidend den musikalischen Eindruck einer Band. (z.B. eine schlechte Abmischung der einzelnen Instrumente oder Stimmen; Mikrophone haben falschen Abstand zum Ausführenden; die Beschallungsanlage ist zu laut oder zu leise, etc.)

3. Der Standort des Chores oder der Band muss im Kirchenraum richtig gewählt werden. Ein Musizieren seitlich des Chorraums ist wünschenswert, damit Sichtkontakt zwischen Band/Chor und Gemeinde besteht (z.B. für Einsatzzeichen an die Gemeinde).

4. Eine Liedeinübung vor dem Gottesdienst sollte stattfinden, um der Gemeinde neue, unbekannte Lieder erst einmal vorzustellen, damit sie während der Messfeier mitsingen können.

5. Repertoirebildung ist wünschenswert, damit die Gemeinde nicht jede Woche mit neuen Liedern konfrontiert wird, sondern aus einem vorhandenen Bestand schöpfen kann.

6. Liedblätter sollten gedruckt werden, bzw. in Liedordnern vorhanden sein, damit ein Mitsingen möglich ist. (aus: Deckert 1999, S. 27/28)

Neben der „Aufführung" in Gottesdiensten wird NGL auch bei den, in Kapitel 4.6 erwähnten *Festivals* gespielt: Zum 3. Sacro-Pop-Festival 1993 auf dem Jakobsberg bei Bingen, wurde ein Liedheft veröffentlicht, das 64 religiöse Songs enthält und von den einzelnen Musik-gruppen mit in ihre Heimatgemeinde genommen wurde. (BDKJ, Mainz 1993) So fanden die gespielten Lieder des Festivals auch Eingang in die Gemeindegottesdienste. Die Festivals dienen demnach als Präsentationsforum für neue religiöse Lieder.

Ähnlich den Festivals werden öfter *Sacro-Pop-, NGL- oder Gospel-Konzerte* von Bands und Chören veranstaltet, bei denen die religiöse Musik auch außerhalb des Gottesdienstes praktiziert wird.

Gemeindefeste (z.B. Kirchweihfest, Sommerfest, Fronleichnam, Adventsfeier, etc.) werden gerne als Plattform für den Vortrag von NGL genutzt:

Verschiedene Gruppen der Gemeinde können bei einem Fest auftreten, und ein Kinderchor wird dann vermutlich Neue Geistliche Lieder singen, eine Jugendband NGL spielen, während der Kirchenchor vielleicht eher ein mehrstimmiges „klassisches" Lied vorträgt.

Gottesdienst, Festivals, Konzerte und Gemeindefeste sind die Foren für das Neue Geistliche Lied, und es wird deutlich, dass alle hier genannten Aufführungsorte in einem gewissen Bezug zu einer Kirchengemeinde stehen und in erster Linie von christlich motivierten Rezipienten besucht werden.

9.2 Differenziert nach Instrumentarium

9.2.1 Orgel

Aufgrund der vielen technischen Probleme, die sich bei der Darbietung des NGL durch eine Band ergeben (s. Kap. 9.1), plädieren einige Autoren für die Orgel als Begleitinstrument im Neuen Geistlichen Lied. (Vgl. Schweizer in: Opp 2001, S. 135; Kropf in: Musch 1994, S. 227ff)

In der Tat bietet eine Orgelbegleitung viele Vorteile, denn diese muss nicht erst aufgebaut werden, der „Soundcheck" (Abstimmen der Instrumente aufeinander) entfällt, die Orgel ist gewöhnlich nicht zu laut und aufgrund ihrer triomäßigen Anlage kann sie verschiedene Stimmen gleichzeitig übernehmen. (Ausnahme: Lobpreislieder, vgl. Kap. 5.2)

Für das Evangelische Gesangbuch (1994) erschien kurz nach dessen Veröffentlichung ein Orgelbuch, indem auch Neue Geistliche Lieder mit einem Orgelsatz versehen waren. Ebenso agierte die Katholische Kirche und publizierte 1998 ein Orgelbuch zum Anhang des Gotteslobes.

Der Klang der Orgel ist jedoch auf die einzelnen Register und deren Kombinationen beschränkt und kann weder einen Klavier- oder Streicher-Sound, noch einen Gitarrensound produzieren, wie er gerne in der Popmusik gehört wird. Darüber hinaus fehlt bei der Ausführung mit der Orgel ein Metrum gebendes Schlagzeug, das die NG-Lieder „belebt".

Trotzdem ist die Präsentation des NGL durch eine Orgel gut möglich, wenn der Organist die entsprechende Technik beherrscht (Off-Beat, On-Beat, Harmonisierung, „Fließende rhythmische Gestalt" (Musch 1994, S. 229), Staccato, etc.) und nicht „Note gegen Note" harmonisiert, wie es bei „alten" Kirchenliedern üblich ist.

9.2.2 Gitarre

Die Gitarre – kommend aus der Singbewegung des frühen 20. Jahrhunderts – ist das beliebteste Instrument für die Begleitung des Neuen Geistlichen Liedes.

Waren die neuen religiösen Lieder anfänglich noch in Tonarten notiert, die schwer auf der Gitarre zu spielen waren (Vgl. Kap. 6.2), so setzten sich nach und nach „gitarrenfreundliche" Tonarten durch, denn die Gitarre kann überall mit hin genommen werden, bedarf keiner langen Aufbauphase und erlaubt dem

Spieler durch bestimmte Spielweisen[9], Rhythmus in das Lied zu bringen. Sie eignet sich gut, um Gesang oder Melodieinstrumente harmonisch und rhythmisch zu begleiten und fand deshalb auch schon in der Volksliedbegleitung und bei Folksongs Verwendung.

9.2.3 Band

Die aufwendigste Darbietungsform des NGL ist eine komplette Band oder Combo. Als Standartbesetzung wären zu nennen: Schlagzeug, Bass, Gitarre, Keyboard, Soloinstrumente (z.B. Querflöte, Saxophon, Trompete, Klarinette etc.) und Gesang. Letzterer kann mehrstimmig sein.

Mag die Begleitung durch eine Band dem Musikstil des NGL am nächsten kommen (Popularmusik hat fast immer Schlagzeug, Bass und Gitarren), so ist diese Form die aufwendigste, denn eine Band braucht Zeit zum Aufbau (insbesondere des Schlagzeugs), ein Soundcheck ist in einer Kirche unumgänglich, da die akustischen Verhältnisse sehr problematisch sein können, und eine Band benötigt räumlich viel Platz in der Kirche, der vorhanden sein muss, ohne den Gottesdienstablauf zu beeinträchtigen. „Ein mitten vor dem Altar aufgebauter und in Richtung Gemeinde schauender Chor (oder Band) während des Hochgebetes [in der katholischen Kirche] ist für alle (Gemeinde, Chor/Band, Priester) eine Zumutung." (Deckert 1999, S. 27)

Mit einer Band ergeben sich jedoch die besten Arrangement-Möglichkeiten, die ein Lied sehr „popig" klingen lassen können: Verschiedene Instrumente bedeuten verschiedene Klänge. Jedes Instrument kann eine eigene Stimme oder Begleitmuster spielen und damit für Abwechslung und Klangvielfalt sorgen und das Schlagzeug oder Drumset lässt – gut dosiert – den Rhythmus besser auf die Gemeinde überspringen.

Damit bei den vielen Instrumenten einer Band, nicht alle Töne eines Akkordes gleichzeitig erklingen, und es einen sogenannten „Klangbrei" gibt, besteht die Notwendigkeit einer Figuration der Begleitung. „Die Möglichkeiten zur Figuration sind einerseits einfache Brechungen, andererseits, in Zusammenwirken mit

---

[9] „Die Schlagmuster sind vielfältig. Das Prinzip dabei ist etwa derart, dass die Hand, welche die Saiten im Darüberschlagen zum Klingen bringt, sich auf jeder Zählzeit zunächst abwärts und dann aufwärts bewegt (im 4/4-Takt insgesamt acht Bewegungen, im ¾-Takt sechs). Je nachdem, ob bei den Auf oder Abwärtsbewegungen die Saiten angeschlagen werden oder nicht, entstehen vielfältige Rhythmusmuster aus Viertel- und Achtelnoten." (Kropf in: Musch 1994, S. 256)

der Bassstimme, die Bildung von typischen Begleitmustern, wie sie für Tanzformen, denen manche Stücke der populären Musik verpflichtet sind, charakteristisch sind." (Kropf in: Musch 1994, S. 223)

Einige Figurationsmöglichkeiten werden auf der folgenden Seite in Abb. 15 gezeigt.

Allerdings steht nicht jeder Kirchengemeinde eine Sacro-Pop-Band zur Verfügung, und diese aus anderen Gemeinden zu engagieren kostet teilweise beträchtliche Geldsummen (technisches Equipment ist teuer und muss finanziert werden), die nicht jede Gemeinde aufbringen möchte, wenn es doch mit einer Orgel oder einer Gitarre auch möglich ist, Neue Geistliche Lieder zu begleiten. Einige Bistümer bieten den Gemeinden hierbei finanzielle Unterstützung, wie etwa der Arbeitskreis „Kirchenmusik im Bistum Limburg", der einen Zuschuss zur musikalischen Gestaltung von Jugendgottesdiensten gewährt. (Vgl. Band- und Chorverzeichnis 1999, [S. 12])

Abb. 15: Verschiedene Begleitmuster für ein NGL (aus: Musch 1994, S. 223)

9.2.4 Chor

Eine weitere Möglichkeit, moderne religiöse Lieder „aufzuführen" ist durch einen Chor oder eine Schola gegeben. Fast jede Gemeinde hat einen Kirchenchor oder einen Kinder- und Jugendchor. Hier wäre es einfach, mit den Chören auch ab und zu NGL einzustudieren und im Gottesdienst darzubringen. Besonders Kinder und Jugendliche lassen sich für diese Musik begeistern und sind gerne bereit sie zu singen.

Für mehrstimmige Chöre gibt es verschiedene Literatur zum Einstudieren, wie etwa die Chorbücher „Vom Leben singen" und „Die Zeit färben" (beide: Strube-Verlag München, 1994 und 1999)

Eine Klavier-, Orgel- oder Gitarrenbegleitung kann einen Chor stützen, aber besonders die Kombination aus Band und Chor (falls es der Platz in dem Kirchenraum erlaubt) ist eine Möglichkeit, das NGL abwechslungsreich zu praktizieren.

10. *Exkurs:* Musikkonsum in Deutschland

Deutschland ist weltweit der drittgrößte Markt für Musik, nach den USA und Japan. Im Jahre 1999 wurden 2.832,5 Millionen $ Umsatz mit dem Verkauf von Tonträgern erwirtschaftet.

Die Umsatzanteile der einzelnen Repertoiresegmente ergeben, dass die Rock- und Pop-Musik (plus Schlager und Dance) mit 73,9 % der gesamten Verkäufe, unangefochten der Spitzenreiter bei den Konsumenten ist.

Nur 8,7 % des Umsatzes wurden durch den Verkauf von Klassischer Musik erwirtschaftet (inklusive kommerzielle Künstler wie Luciano Pavarotti, Andrea Bocelli, Vanessa May, etc.). Darin enthalten sind wiederum 0,2 % Orgelmusik! (vgl. Vortrag Douglass, s.u., 2000)

Der restliche Anteil von 17,4 % entfällt u.a. auf Volksmusik und Kindermusik. (Alle Zahlen aus: Phonographisches Jahrbuch 2001, S. 19 u. 47)

In einem Vortrag über neue Formen des Gottesdienstes[10], stellte der Pfarrer und Dozent Klaus Douglass, aufgrund der Zahlen der Phonographischen Industrie, fest: „Die Regelmusik im Gottesdienst ist eine Musik, die nur 0,2 % der Bevölkerung auch zu Hause hören. Natürlich gilt das Argument, in der Kirche gerne auch mal etwas anderes zu hören als daheim, aber wollen das wirklich 99,8 %?"

Eine Analyse der Altersstruktur der Tonträgerkäufer belegt, dass in 2000 weit über die Hälfte (59 %) aller Klassik-Tonträger von Personen über 50 Jahren gekauft wurden. Nur 7,1 % entfielen auf Käufer zwischen 10 und 30 Jahren.

Pop- und Rockmusik erweist sich hingegen als Musik der jüngeren Generation. Popmusik-Tonträger wurden 2000 zu 41,6 % von den 10- bis 29jährigen und zu 32,2 % von den 30- bis 39jährigen gekauft. Nur 8,0 % der über 50jährigen kauften Pop-Tonträger.

Das Durchschnittsalter der Kirchenbesucher in Deutschland schwankt zwischen 45 und 55 Jahren. Diese Altersgruppe ist, nach oben aufgeführten Zahlen, jedoch nicht sonderlich an Popmusik interessiert. Abneigung gegenüber Popmusik im Gottesdienst ist deshalb verständlich. Auf der anderen Seite scheint sich aber

---

[10] Dr. Klaus Douglass: „Neue Gottesdienste braucht das Land". Vortrag in der Andreas-Gemeinde Niederhöchstadt, Juni 2000

auch die Orgelmusik außerkirchlich keiner großen Beliebtheit zu erfreuen. (Zahlenangaben: a.a.O., S. 31)

Douglass resümiert daraus: „In meiner Bibel steht nicht geschrieben, dass Jesus ein krasser Orgelfanatiker gewesen sei. Gut, es steht auch nicht geschrieben, er liebte Rockmusik. Ich denke dem war das ziemlich egal. Wenn aber bei über 90% der unter 45jährigen, das Herz für die Beatmusik schlägt, so verfehlt man die Herzen der Menschen, wenn in der Kirche diese Musik nicht gespielt wird. Bei anderer Musik wird vielleicht der Kopf getroffen, aber nicht das Herz."

11. Zukunft des Neuen Geistlichen Liedes

In den bisherigen Kapiteln wurde ein Ist-Zustand des Neuen Geistlichen Liedes dargestellt, bzw. seine Entwicklung durch die letzten 40 Jahre skizziert. Aber auch das NGL ist einem ständigen Wandel unterworfen und seine Entwicklung noch nicht abgeschlossen.

Kein Mensch ahnte bei der Entdeckung der Kernspaltung 1938 durch Otto Hahn, welche positiven, aber gerade auch negativen Erfindungen damit gemacht werden konnten (Atombombe); der Apotheker John Pemberton konnte sich 1886 nicht vorstellen, dass aus seinem neuartigen Sirup aus der Coca-Pflanze und der Cola-Nuss, gemischt mit Sodawasser und als Medizin gegen Kopfschmerzen und Müdigkeit verkauft, der Weltkonzern „Coca-Cola" entstehen sollte, und auch den „Beatles" war Anfang der 60er Jahre bestimmt nicht bewusst, einen neuen Musikstil zu prägen und die Musikgeschichte nachhaltig zu beeinflussen.

Ebenso schwer lässt sich von einem bestimmten Standpunkt aus, die Entwicklung eines Zeitphänomens vorhersagen. Es lassen sich nur Vermutungen anstellen, wie etwas weitergehen könnte. Deshalb soll dieses Kapitel auch nicht eine genaue Zukunft des NGL schildern, sondern Überlegungen anstellen, welche Chancen die neue Kirchenmusik enthält.

11.1 Neue Formen, analog zur Popular-Musik

Seit dem Jahre 2000 gastiert in Stuttgart das Musical „Tanz der Vampire" von Jim Steinman und Michael Kunze, 1997 komponiert, und in Wien uraufgeführt. Es ist derzeit eines der aktuellsten und erfolgreichsten Musicals in Deutschland und basiert auf dem gleichnamigen Film von Roman Polanski.

Der Komponist Steinman nahm für die Vertonung der Texte jedoch Melodien und Lieder, die er schon früher für Interpreten wie „Meat Loaf", „Pandoras Box" und „Bonnie Tyler" geschrieben hatte (z.B. „Original Sin", „Objects in the rear view mirror", „Turn around"). Das Prinzip schien einfach: die Melodien hatten sich bewährt, waren erfolgreich gewesen und sind recht bekannt. Allerdings stammt dadurch das gesamte Liedgut des Musicals aus den 80er Jahren und ist „klassische" Rock- und Popmusik, also keineswegs ein musikalisch „neues" Musical.

Dieses „Hinterherhinken" zu den aktuellen Musikstilen der Popularmusik lässt sich nicht nur bei den meisten anderen Musicals feststellen sondern ebenfalls im Neuen Geistlichen Lied:

Peter Janssens war bei seinen Liedern vom Jazz geprägt. Seine Kompositionen der 70er Jahre verwendeten dementsprechend Elemente aus den 40er bis 60er Jahren.

Fritz Baltruweit ist seit den 80er Jahren bei seinen Liedern an der Rockmusik der 60er und 70er Jahre orientiert, und die Bands Ruhama und Habakuk (vgl. Kap. 4.4) verpflichten sich nach wie vor dem Rock und Pop mit Ursprung in den 70er/80er Jahren. Ebenso ist der Großteil der neueren Sacro-Pop-Songs der 80er und 90er Jahre – wie der Name schon sagt – reinste Popmusik der 70er und 80er Jahre.

Seit etwa 1997 lassen sich auch vereinzelte Kompositionen im Genre „Hip Hop/ Rap" finden (z.B. „Dear Jesus" von Felix Schonauer, 1998 in: „Die Zeit färben" Strube Verlag, München 1999), aber in der Praxis ist diese Musikrichtung noch nicht verbreitet.

Das mag mitunter daran liegen, dass es für eine Laienmusikgruppe schwierig werden dürfte, einen Hip Hop ansprechend zu singen und zu spielen.

Gut 15 Jahre nachdem der Hip Hop als Musikstil in der Popularmusik aufkam (vgl. Kap. 2.11 und 2.12), wagten sich also die ersten Komponisten des NGL an dieses Genre.

Mindestens diese 15 Jahre scheint jeder Musikstil zu benötigen, um in der Kirchenmusik Eingang zu finden, egal ob das Jazz, Rock, Pop oder nun Hip Hop war.

„Sacro-Techno" ist demnach in kirchenmusikalischen Kreisen noch nicht zu entdecken, denn in der Popularmusik kam dieser erst Ende der 80er Jahre auf (vgl. Kap. 2.13).

Ein erster Versuch mit Techno gelang bisher nur auf einem Kirchentag: Am 17. Juni 1995 fand im Rahmen des Hamburger Kirchentages ein Experiment der Nordelbischen Kirche mit der Diskothek UNIT statt. Die Kirche wollte sich mit dem Phänomen „Jugendkultur Techno" auseinander setzen und veranstaltete als offiziellen Programmpunkt „Eine Begegnung zwischen Gregorianik und Techno" in der o.g. Diskothek.

Insbesondere die Reaktionen im Publikum während der Veranstaltung bestärkten die Initiatoren, weitere Projekte zu verwirklichen und ein ähnliches Konzept einmal in einem Kirchenraum zu verwirklichen. Hierzu wurden die Städte Berlin, Hamburg, Frankfurt, München und Köln ausgewählt. Jedoch wurde das Projekt mit Namen „Crusade" nach ziemlich schlechter Organisation, Misstrauensbruch bei den beteiligten Partnern und kurzfristiger Absage der Thomaskirche in Berlin, in der die erste Veranstaltung stattfinden sollte, begraben. (Vgl. www.nepomuk.de, Artikel: Cunze, Bernd: Dokumentation und Stellungnahme zum Verlauf und Werdegang des Projekt CRUSADE)

Die Frage stellt sich, ob es jemals sinnvoll erscheint, Techno für Kirchenmusik zu verwenden, denn die religiöse Musik lebt letztendlich von ihren textlichen Inhalten. Beim Techno ist der Text jedoch auf das Minimum reduziert, falls er überhaupt vorhanden ist und er kann damit kein Kirchenlied ersetzen oder keine Botschaft des Glaubens vermitteln.

Auch die Aufführungspraxis dürfte schwierig werden, denn mit herkömmlichen Bands, Chören oder Instrumentalgruppen lässt sich kein Techno produzieren.

Wie also soll die Zukunft des NGL aussehen?

11.2 Hat das NGL eine Zukunft?

Viele Lieder des NGL haben sich mittlerweile in den kirchlichen Gemeinden Deutschlands etabliert und gehören, entweder als Liedblatt, Liedheft oder durch das EG und den Anhang zum Gotteslob, zum festen Bestandteil eines Gottesdienstes.

Wenn der Gottesdienst nicht gerade als „Jugendgottesdienst" tituliert wird, so überwiegen die herkömmlichen Kirchenlieder, aber immer öfter ist auch ein NGL zwischen den Liedern zu finden. Diese stückweise Integration von NGL in den „normalen" Gottesdienst, ist in der Zukunft Aufgabe der Kirchenmusiker und Organisten. Denn das NGL steigt und fällt mit der Ausführung durch Kirchenmusiker (oder auch Jugendbands und Chöre) und der Akzeptanz von Priestern, die den Gottesdienst leiten.

Neben dem vorhandenen Liedgut der letzten 40 Jahre scheint – was auch viele Kirchenmusiker betätigen (z.B. Eugen Eckert) – eine Stagnation bei den Neuschaffungen eingetreten zu sein.

Die Nachfrage nach neuen Liedern ist lange nicht mehr so groß wie in den 80er Jahren und Anfang der 90er Jahre und selbst etablierte Festivals wurden ab Mitte der 90er Jahre nicht mehr veranstaltet (z.B. das Festival auf dem Jakobsberg). Dies zeigt, dass der Bedarf und das Interesse an NGL nicht mehr in dem Maße vorhanden ist, wie vor etwa zehn Jahren.

Überprüft man die Notenbücher in kirchlichen Gemeinden[11] – falls vorhanden – nach ihrem Inhalt, so haben viele seit circa fünf Jahren keine neuen Lieder mehr aufgenommen und schöpfen aus Liedmaterial der 70er und 80er Jahre, seltener der 90er Jahre des 20. Jahrhunderts.

Die Idee ist dabei, das vorhandene Material der Gemeinde nahe zu bringen, ohne wöchentlich mit einem neuen Lied aufzuwarten, dass kopiert und eingeübt werden muss.

Es besteht eine Sättigung an Neuem Geistlichen Lied, bei der nur qualitativ gute Lieder Überlebenschancen haben. Dementsprechend schwer haben es auch neue Kompositionen, in den kirchenmusikalischen „Markt" zu dringen. Denn hier gilt: Das neue Lied muss mindestens die Qualität der bisher selektierten NG-Lieder haben, um Akzeptanz zu finden, oder es muss textlich eine Lücke füllen, die bisher noch nicht vertont war.

Eine hohe kompositorische Qualität verlangt jedoch auch eine gewisse Kompetenz der Ausführenden. Das Notenbuch „Gehalten" (Dehm, 2001) enthält 29 Neue Geistliche Lieder, die sich nicht einfach „vom Blatt" spielen lassen, sondern setzen eine musikalische Reife der Spieler und Sänger voraus, die an die Ausführungsanforderungen von Popularmusik heranreichen.

Die Parole für die Zukunft heißt also: **Mehr Qualität als Quantität!**

Das NGL wird nicht aus der Kirchenmusik verschwinden, dafür hat es sich zu sehr gefestigt, es wird aber auch nicht die herkömmliche Kirchenlieder verdrängen können, sondern eher in einem gemeinsamen Miteinander Fortbestand und Zukunft haben.

Ob es jedoch zu einem Durchbruch von Rap und Hip Hop oder gar von Techno in der Kirchenmusik kommt, bleibt abzuwarten, denn das oberste Ziel der Kir-

---

[11] Untersucht wurden mehrere Notenbücher aus Gemeinden des Kreis Offenbachs: u.a. Heusenstamm, St. Cäcilia; Dietzenbach, St. Martin; Obertshausen, Thomas Morus; Dreieich, Friedensgemeinde; Urberach, St. Gallus;

chenmusik, Musik und Lied für die Gemeinde zu sein und von dieser aktiv gesungen zu werden, wäre zumindest mit Techno verfehlt.

12. Schlussbetrachtung

Musik belebt, Musik ermuntert, Musik kann traurig stimmen und Musik kann verbinden, aber das Wichtigste ist: Musik muss aktiv gelebt werden.

Sangen früher die schwarzen Sklaven auf den Feldern bei ihrer Arbeit (vgl. Kap. 2.4), oder setzte man sich früher in der Familie zusammen und praktizierte Hausmusik, sang gemeinsam Lieder oder ging mit seiner Gitarre zum Singen auf die Strasse, wie das viele Blues-Sänger taten, so ist heutzutage die Musik fast ausschließlich auf ein passives Hören beschränkt. Das Radio dudelt zu Hause oder im Auto Pop-Musik, im Fernsehen werden mit Filmmusik die einzelnen Szenen mal spannungsgeladen, mal fröhlich untermalt oder die Sender VIVA und MTV senden Musikvideos, der CD-Spieler der Kinder oder Nachbarn tönt durch das Haus, und bei dem Besuch von Gaststätten, Kaufhäusern oder Diskotheken kann man dem Musikgenuss – falls es denn einer ist – auch nicht entfliehen.

Aber wann singt man einmal selbst, falls man nicht gerade Mitglied in einem Chor ist und einmal pro Woche probt?

Unter der Dusche? Im Auto? Vielleicht, wenn es keiner hört.

Auf der Arbeit? Im Büro? Bestimmt nicht, das würde wohl eher die Mitarbeiter stören.

Mit seinen Kindern? Wünschenswert wäre es auf alle Fälle, denn Kinder brauchen Musik.

Im Urlaub? Am Strand? Auch eher nicht, denn wiederum wäre das in der Öffentlichkeit.

Blieben noch Feste, Feiern oder Fastnacht, wenn Trinklieder lautstark geträllert werden, oder eben der Gottesdienst, in dem noch eine Musik für „das Volk" zu Hause ist.

Und diese Musik ist sehr wichtig für eine gute Gemeinschaft. Ein Kanon sagt „Wo man singt, da lass Dich ruhig nieder. Böse Menschen haben keine Lieder, sondern nur ein Radio und ein Fernsehapparat".

Dieser Kanon mag – überspitzt – etwas auf den Punkt bringen: Musik verbindet und Musik macht fröhlich, wenn man sie selbst praktiziert. Und die Kirche ist noch eine der wenigen Oasen, in der alle Singen können und dürfen, ohne besondere Vorkenntnisse mit zu bringen!

Die Aufgabe aller Musiker, und besonders Kirchenmusiker ist es, diese Oase nicht austrocknen zu lassen, sie mit Liedern und Musik zu bereichern, die das Herz ansprechen (vgl. Kap. 10), bei denen die Leute mitsingen können, und die melodisch so gestaltet sind, dass sie einfach zu erlernen sind.

Das Neue Geistliches Lied ist ein Musikstil, der in seiner bisherigen Form für alle Menschen, die sich offen für „Neues" zeigen, singbar komponiert wurde und als Gemeindegesang konzipiert ist. Das darf sich auch in Zukunft nicht ändern.

Es ist in jedem Fall wünschenswert, analog der Popularmusik, neue Musikstile in die Gotteshäuser zu holen – auch Hip Hop und Techno – aber die Gestaltung und die Ausführung der Lieder müssten so sein, dass die Gemeinde nicht passiv wird, was leider auch schon bei den bisherigen Sacro-Pop-Liedern zu beobachten ist. Bei einem Rap kann ja die Gemeinde mitsingen, (wenn auch nur bei dem Refrain), wie z.B. das Lied „Vielleicht war's Abend" (siehe Seite 85/86) zeigt. Aber einige Leute leben nach dem Motto: „Die Musik mag ich nicht, die singe ich nicht". Diese Einstellung ist konservativ und egoistisch, denn auch die Kirchenmusik kann und darf nicht am Zeitgeschehen vorbeigehen, und junge Leute – wenn auch nicht die Jugendlichen selbst (Vgl. Kap. 8) – wollen nicht ihr Leben lang Musik in der Kirche singen, die vor über 200 bis 400 Jahren komponiert wurde. Das kann niemand verlangen.

Auf Sommerlagern von Städten oder Kirchengemeinden werden Lieder der Beatles, Folksongs von Bob Dylan, Musik von Elton John, Phil Collins oder Michael Jackson gesungen – um nur ein paar Beispiele zu nennen – , und während des Gottesdienstes braucht man einfach ähnliche Lieder um nicht völlig am Zeitgeschehen vorbei zu gehen und den Eindruck zu haben, durch das Öffnen der Kirchentüre in eine vergangene Zeit zu reisen.

Mit den Neuen Geistlichen Liedern wurde vor über 40 Jahren ein guter Schritt in die richtige Richtung unternommen. Mussten sie sich auch schwerer Kritik entgegen stellen (vgl. Kap. 7), so sind sie dennoch „siegreich" daraus hervorgegangen und haben sich in den deutschen Gemeinden gefestigt.

Ich habe versucht in dieser Hausarbeit den Weg des NGL von seiner Entstehung bzw. seinen Wurzeln bis zum heutigen Tag zu schildern und zu beleuchten. (Kap. 3 und 4) Die Darstellung der einzelnen Subkulturen des NGL (Kap. 5) war mir sehr wichtig, denn selbst Musiker der „Sacro-Pop-Szene" haben von Stilen wie „White Metal" noch nie etwas gehört. Ebenfalls durfte die Kritik und die sukzessive Akzeptanz des NGL (Kap. 7 und 8 (speziell bei den Jugendlichen)) nicht außer Acht gelassen werden, und mit dem textlichen und musikalischen Vergleich von sieben Liedern (Kap. 6) und den Aufführungsmöglichkeiten (Kap. 9) sollte das Lied selbst im Mittelpunkt stehen. Einige Aspekte waren mir in der Arbeit besonders wichtig (z.B.. die aktuelle Situation in der das NGL steckt (Kap. 4.4 bis 4.6; 5 und 11) da es über diese kaum Literatur gibt), auf andere Aspekte bin ich nur am Rande eingegangen.

Für mich selbst war es spannend, sich in Geschichte und Entwicklung des NGL einzuarbeiten, denn obwohl man ständig u.a. als Kirchenmusiker mit dieser Musik konfrontiert wird, so weiß man doch sehr wenig über die Hintergründe. Dieser Umstand ist aber auch bei den Konsumenten von Popularmusik zu beobachten: Viele Jugendliche hören zwar gerne Popmusik aber kennen sich weder in der Geschichte der Rockmusik aus, noch wissen sie um die Herkunft von Hip Hop und Techno.

Mit dieser Arbeit wurde deshalb auch kurz die Entwicklung der Popularmusik skizziert, um das NGL in einen musikalischen Kontext zu betten, und es nicht nur als eine Form der Kirchenmusik zu betrachten.

Genau wie die Popularmusik sich fortwährend entwickelt, darf auch die Kirchenmusik nicht in ihrer Entwicklung stagnieren und sollte gelebtes Gebet in der Kirche sein.

Eine Zukunft des NGL muss aber auf jeden Fall eine Basis bei allen Beteiligten haben: Bei Musikern und Priestern ebenso wie bei der Gemeinde. Denn gerade das Singen im Gottesdienst schafft eine besondere Gemeinschaft, die vielleicht sonst nirgends mehr in unserer Gesellschaft zu finden ist.

Mir ist aufgefallen, dass Kirche und Musik eine Gemeinsamkeit haben, die die Synthese zur „Kirchen-Musik" besonders wertvoll erscheinen lässt:

Musik ist manchmal ebenso ungreifbar wie der Glaube! Sie wirkt sehr stark auf Personen und ruft Gefühle hervor, die ganz verschiedener Art sein können. Wie schon zu Beginn des Kapitels erwähnt, stimmt sie mal traurig, mal lustig, sie lässt einen tanzen oder besinnen, sie motiviert und entspannt, sie kann Furcht erwecken oder Liebe zeigen und bezeugen – egal ob zu einem Menschen oder zu Gott. Glaube und Musik sind unfassbar, aber beide können die besten Seiten im Menschen zum Vorschein bringen.

Wie wichtig ist demnach eine gute, beliebte und gerne gesungene Musik in der Kirche?

Ein französischer Dichter sagte einmal:

„Die Musik drückt das aus, was nicht gesagt werden kann und worüber zu schweigen unmöglich ist."

Victor Hugo (1802 – 1885)

Literaturverzeichnis

Albrecht, Horst: Die Religion der Massenmedien, Stuttgart 1993

Band- und Jugendchorverzeichnis „Neues Geistliches Lied". Herausgegeben vom Arbeitskreis Kirchenmusik und Jugendseelsorge im Bistum Limburg, Limburg 1999

Bands und Jugendchöre der Region. Herausgegeben vom Amt für Kirchenmusik, Evangelische Kirche in Hessen und Nassau, Im Feldchen 2a, 61130 Nidderau, Nidderau 1993

Bergelt, Reinhard B. (Hrg.): Von Rock'n Roll bis Techno. Die Story der Rockmusik, Leipzig 2000

Berendt, Joachim Ernst (Hrg.): Spirituals, Geistliche Lieder der Neger Amerikas, Originaltexte, Melodien und Übertragungen, München 1955

Berendt, Joachim Ernst: Das große Jazzbuch, von New Orleans bis Jazz Rock, 5. Auflage, Frankfurt/Main 1982

Böhm, Wilhelmine/Deuerlein, Ernst (Hrg.): bsv-Geschichtsatlas, München 1992

Brauck, Markus/Dumke, Oliver: Techno: 180 Beats und null Worte, Gütersloh 1999

Brozman, Bob: The History and Artistry of National Resonator Instruments, Fullerton 1993

Buchner, Gerhard (Hrg.): Humboldt-Musiklexikon, München 1987

Bubmann, Peter: Sound zwischen Himmel und Erde. Populäre christliche Musik, Stuttgart 1990

Bubmann, Peter (Hrg.): Menschenfreundliche Musik. Politische, therapeutische und religiöse Aspekte des Musikerlebens, Gütersloh 1993

Charters, Samuel: Der Country Blues, Songs und Geschichten, Reinbek 1982

Dalferth, Winfried: Christliche Popularmusik als publizistisches Phänomen. Entstehung, Verbreitung, Rezeption, Erlangen 2000

Deckert, Peter: Basisinformationen zum Neuen Geistlichen Lied (NGL). Als Manuskript veröffentlicht (BDKJ-Diözesanstelle, Steinfelder Gasse 20-22, 50670 Köln), Köln 1999

Deckert, Peter: Literatur zum Neuen Geistlichen Lied. Herausgegeben vom Arbeitskreis SINGLES im BDKJ des Erzbistums Köln, Köln 2001

Dehm, Patrick/Eckert, Eugen (Hrg.): Gehalten. Lieder durch die Zeit. Herausgegeben vom Arbeitskreis Kirchenmusik und Jugendseelsorge im Bistum Limburg, Frankfurt/Main 2001

Duden: Die deutsche Rechtschreibung, Mannheim, Leipzig, Wien, Zürich 1996

Duden Musik (Schülerduden, Die Musik): Ein Sachlexikon der Musik, Mannheim, Wien, Zürich 1989

Eckert, Carola: Lobet den Herrn mit leichten Liedern. Kirchenschlager – für wen? in: „Die Zeit" 37/1963 vom 13. September 1963, Seite 38f.

Eggebrecht, Hans Heinrich (Hrg.): Taschenlexikon Musik, Mannheim 1984

Gesänge aus Taizé: 40 Gesänge aus Taizé. Singstimmen, Freiburg 1983

Hahnen, Peter: Das Neue Geistliche Lied als zeitgenössische Komponente christlicher Spiritualität, Münster 1998

Halbscheffel, Bernward/Kneif, Tibor (Hrg.): Sachlexikon Rockmusik, Reinbek 1992

Hegele, Günter: Neue Lieder durch Preisausschreiben? Viermal Tutzing und die Folgen, in: Juhre, Arnim: Singen um gehört zu werden (s.u.)

Informationsbroschüre des Deutschen Rock & Pop Musikerverband e.V., Kolberger Str. 30 21339 Lüneburg, Lüneburg 2001

Juhre, Arnim (Hrg.): Singen um gehört zu werden. Lieder der Gemeinde als Mittel der Verkündigung, Wuppertal 1976

Kinder, Hermann/Hilgemann, Werner (Hrg.): dtv-Atlas zur Weltgeschichte. Karten und chronologischer Abriss, Bd. 1, 25. Aufl., München 1991

Klimkeit, Hans-Joachim: Das Liedgut der Negro Spirituals, in: Zeitschrift für Religions- und Geistesgeschichte. Heft 1/1993, Seite 58-70

Kneif, Tibor: Sachlexikon Rockmusik, Instrumente, Stile, Techniken, Industrie und Geschichte, Reinbek 1982

Kögler, Ilse: Die Sehnsucht nach mehr. Rockmusik, Jugend und Religion, Information und Deutung, Graz, Wien, Köln 1994

Kreft, E. (Hrg.): Lehrbuch der Musikwissenschaft, Düsseldorf 1985

Kropf, Karl-Bernhardin: Neue Geistliche Lieder. Gestalt und Ausführung, in: Musch, Hans (Hrg.): Musik im Gottesdienst, Regensburg 1994 (s.u.)

Langenscheidt (Verlag): Langenscheidts Taschenwörterbuch Englisch, Berlin, München u.a. 1984

Lehmann, Theo: Negro Spirituals, Geschichte und Theologie, (o.O.) 1965

Lloyd, Norman (Hrg.): Großes Lexikon der Musik, München 1987

Lowens, I.: Artikel „Spirituals" in: MGG, Bd. 12, Kassel 1965, Sp. 1050-1054

Lomax, A.: Afro-American Anthropology, New York 1970

Mittermeier, Otto: „Wir haben einen Traum...". Das Neue Geistliche Lied in der Liturgie und in der Glaubenshaltung Jugendlicher, in: Becker, Hansjakob (Hrg.):

Liturgie und Dichtung. Ein interdisziplinäres Kolloquium, Bd. 1, St. Ottilien 1983

Neues Großes Lexikon (Titel): Das neue große farbige Lexikon von Bassermann, Niedernhausen 1988

Musch, Hans (Hrg.): Musik im Gottesdienst, Bd.2, Regensburg 1994

Meyers Enzyklopädisches Lexikon: 9. Auflage, Mannheim, Zürich, Wien 1980

Nolden, Mathias/Franke, Thomas: Das Internet Buch, Düsseldorf 1996

Offele, Winfried: Wes Geistes Kind wir sind. Vortrag im Rahmen der Studientagung „Geist" im „Neuen Geistlichen Lied". Aspekte einer Auseinandersetzung. Studientagung der Diözese Mainz am 13./14. Januar 1995, veröffentlicht in: Materialien, Erbacher Hof, Bildungszentrum der Diözese Mainz, Nr. 8, Mainz 1995, Manuskript 2

Opp, Walter (Hrg.): Handbuch Kirchenmusik. Teilband 1: Der Gottesdienst und seine Musik, Kassel 2001

Phonographische Wirtschaft: Jahrbuch 2001. Herausgegeben vom Bundesverband der Phonographischen Wirtschaft e.V., Grelckstraße 36, 22529 Hamburg, Starnberg 2001

Polster, Bernd (Hrg.): Swing Heil, Jazz im Nationalsozialismus, Berlin 1989

Reid, Struan (Hrg.): Erfindungen und Entdeckungen. Tessloffs Bildlexikon in Farbe, Hamburg 1987

Reller, Horst/Kießig, Manfred (Hrg.): Handbuch religiöse Gemeinschaften, Freikirchen, Sondergemeinschaften, Sekten, Weltanschauungen, Missionierende Religionen des Ostens, Neureligionen. Für den VELKD-Arbeitskreis Religiöse Gemeinschaften im Auftrag des Lutherischen Kirchenamtes, 4. Aufl., Gütersloh 1993

Rösing, Helmut: Was ist Populäre Musik? – Überlegungen in eigener Sache, in: Rösing, Helmut (Hrg.): Beiträge zur Popularmusikforschung des Arbeitskreises Studium populärer Musik e.V., Bd. 17, Karben 1993

Scharnagel, August: Einführung in die katholische Kirchenmusik, Wilhelmshaven 1980

Schmidt-Joos, Siegfried/Graves, Barry (Hrg.): Das neue Rock-Lexikon, Reinbek 1990

Schmidt-Lauber, Hans-Christian/Bieritz, Karl-Heinrich (Hrg.): Handbuch der Liturgik, Leipzig,Göttingen 1995

Schmitz, Alexander: Die Gitarre, Buxtehude 1988

Seeger, Pete (Hrg.): Woody Guthrie, Folksongs, a Collection of Songs by America's Foremost Balladeer, New York 1963

Shaw, Arnold: Die Geschichte des Rhythm and Blues. Honkers und Shouters, Frankfurt/Main 1983

Simpendörfer, Werner: Ernst Lange. Versuch eines Portraits, 2. Aufl., Berlin 1997

Siniveer, Kaarel: Folk Lexikon, Reinbek 1981

Tagg, Philip: Filmmusic, Mood Music and Popular Music Research, Göteborg 1980

Thust, Karl Christian: Das Kirchenlied der Gegenwart. Kritische Bestandsaufnahme. Würdigung und Situationsbestimmung, Göttingen 1976

Trömel, Martha und Helmut (Hrg.): Du bist Herr. Anbetungslieder. Bd. 1, Hochheim 1988, Bd. 2, Neuhausen-Stuttgart 1991, Bd. 3 Wiesbaden 1995

Zenetti, Lothar: Heisse (W)Eisen. Jazz, Spirituals, Beatsongs, Schlager in der Kirche, München 1966

Zenetti, Lothar: Peitsche und Psalm. Geschichte und Glaube, Spirituals und Gospelsongs der Neger Nordamerikas, München 1967

Ziegenrücker, Wieland: Allgemeine Musiklehre, 13. Aufl., Mainz 1988

Ziegenrücker, Wieland/Wicke, Peter: Sachlexikon Popularmusik, 2. Aufl., Mainz 1989

Verwendete Notenbücher

Da Capo. Liederbuch der KSJ Amberg. Herausgegeben vom Verein zur Förderung der studierenden Jugend Amberg e.V., Amberg 1997

Die schönsten Kinderlieder. Zum Singen und Spielen. Herausgegeben von Heinrich Zelton, Hamburg 1996

Die Zeit färben. Herausgegeben vom Arbeitskreis Kirchenmusik und Jugendseelsorge im Bistum Limburg, München 1999

Evangelisches Kirchengesangbuch für die Evangelische Kirche in Hessen und Nassau, Darmstadt 1950, 29. Aufl., Darmstadt 1987

Evangelisches Gesangbuch (EG). Ausgabe für die Evangelische Kirche in Hessen und Nassau, Frankfurt/Main 1994

Feiert Jesus. Das Jugendliederbuch! Neuhausen-Stuttgart 1995

Gemeinsam Singen und Feiern. Liederbuch der Katholischen Pfarrgemeinde St. Cäcilia. Herausgegeben von der Kath. Pfarrgemeinde St. Cäcilia, Heusenstamm 1996

Gotteslob. Katholisches Gebet- und Gesangbuch. Herausgegeben von den Bischöfen Deutschlands und Österreichs und der Bistümer Bozen-Brixen und Lüttich, Stuttgart 1975

Kein schöner Land. Das große Buch unserer beliebtesten Volkslieder. Herausgegeben von Norbert Linke, Niedernhausen 1983

Mal Gottes Regenbogen in das Grau-in-Grau der Welt. Ein Liederbuch für Kinderkirchen und vieles mehr... Herausgegeben für die Kindergottesdienst-Gesamttagung 1990 in Stuttgart des Gesamtverbandes für Kindergottesdienste in der Evangelischen Kirche in Deutschland, Stuttgart 1990

Melodien, die unsere Worte beflügeln. Herausgegeben vom BDKJ der Diözese Mainz, Am Fort Gonsenheim 54, Mainz 1981

Menschenskinder Lieder. Ein Liederbuch zu den Kinderkirchentagen 1987. Herausgegeben von der Beratungsstelle für Gestaltung von Gottesdiensten und anderen Gemeindeveranstaltungen, Eschersheimer Landstr. 565, Frankfurt/Main 1987

Songbuch 1-6 der Katholischen Jungen Gemeinde. Herausgegeben von der Bundesleitung der KJG, Düsseldorf 1981- 1995

Troubadour für Gott. Herausgegeben vom Kolping-Bildungswerk Diözesanverband Würzburg, Sedanstr. 25, Würzburg 1983

Unser Kinderlieder-Buch, Wuppertal und Kassel 1986

Vom Leben Singen. Herausgegeben vom Arbeitskreis Kirchenmusik und Jugendseelsorge im Bistum Limburg, München 1994

Wenn Du singst, sing nicht allein. 250 Lieder für Familie, Gemeinde und Schule. Herausgegeben von Hermann-Josef Frisch, Düsseldorf 1990

Wie im Himmel so auf Erden. Lieder und Gebete zum 90. Deutschen Katholikentag in Berlin. Herausgegeben vom Bischöflichen Ordinariat Berlin, Berlin 1990

www.ingramcontent.com/pod-product-compliance
Lightning Source LLC
Chambersburg PA
CBHW021953290426
44108CB00012B/1056